がんばれ、ごはん

ビンボー Deli.

川津幸子 著

オレンジページ

今までずいぶん、毎日のごはんは、「簡単でおいしい」ことが大切、と言ってきました。だけどもうひとつ、ごはん作りが長続きするには、「安いこと」も、はずせないと思っています。

予算にはおのずと限界があるのだから（ない人もいると思いますが)、毎日の料理の経済性を考えるのは、正しい。だけど、「安い」だけでは哀しくて、これもやっぱり、「おいしい」がついていてほしいと思うのです。

ただし、高い材料でおいしいものを作るのは、そんなに大変ではないけれど、安い材料でおいしいものとなると、ちょっと「芸」がいると思う。というのも、少し

はじめに

でも油断すると、目先の値段だけに心が奪われて、安っぽい料理に陥ってしまう危険性があるからです。材料が安いんだから、ま、味はこんなものでしょと、妥協するのではなく、たとえ値段は安くても、安さを感じさせない料理、おしゃれ心だってきっちりある料理を作るぞ、という生意気、いえ、心意気を、わたしは愛します。

　というわけで、今回は、安い材料しか使えないことを、明るく受け止めて、前向きにおいしいごはんを作ることに取り組んでみました。「B級の値段で、A級の味をあなたに」が、わが『ビンボーDeli.』のモットー。作ってみて、「うまい！　なのに、この値段でできちゃうのね」と思っていただければ、幸いです。

目次

ビンボー

6 ビンボーだって フレンチできる

7 おなかいっぱい食べたい

8 アジアンごはんの底力

9 家計応援団

From the Deli. Kitchen

本書のきまり

- 材料は、すべて４人分です。
- 計量の単位は、１カップが200cc、大さじ１が15cc、小さじ１が５ccです。
- 米は、炊飯器についているカップ＝１合(180cc)で表示しました。
- 電子レンジは、500Wのものを使用しました。
- トマト水煮缶詰、白いんげん豆水煮缶詰は、１缶400ｇ入りのものです。
- しょうが１かけは10〜15ｇです。特に表示のない場合は、皮をむいて使います。
- バターは無塩バターを使用しました。
- 白ワインは、辛口のものを使いました。
- EXオリーブ油とあるのは、エキストラバージンオリーブ油のことです。
- 即席の和風だしを使うときは、料理の塩味をひかえめにしてください。

豚バラ十番勝負

Deli 1

はっきり言って、わたしは豚バラ好きです。偏愛していると思う。
世間では、脂身が敬遠される傾向にあるけれど、
最初に焼くとか、ゆでるとかしておけば、しつこくはなりません。
なによりも、思わず「ストライク！」と言いたくなるような、
豪速直球型のおいしい料理が目白押しなんですよね。

台湾風豚バラごはん

出合いは、台湾料理店。豚バラ肉で、しょうゆ味、しかもごはんにかけて食べるという、大好きなパターンが3つもそろっていたので、一目で惚れ込んでしまいました。その後、うちでも食べたい一心で試作をした結果、途中でゆで卵を加え、ちゃんと煮汁も残るような分量で、レシピ完成。ときどき、お行儀よく、肉とごはんを別々に食べる人がいると、やれ「ごはんにのせろ」だの、「汁もたっぷりかけて」だの、うるさく口をはさむので、嫌がられています。

Recipe

豚バラ肉(かたまり)700g　ねぎ10cm
しょうが、にんにく各1かけ
煮汁(しょうゆ大さじ4、紹興酒(しょうこうしゅ)・砂糖各大さじ2、顆粒鶏ガラスープの素小さじ2、水3カップ)　ごま油小さじ2　ゆで卵4個
サラダ油、ごはん各適量

1 豚肉は10cm長さで2cm厚さに切る。

2 中華鍋にサラダ油少々を熱し、豚肉を入れて表面をきつね色に焼きつけたら、取り出して、鍋に残った脂を捨てる。

3 続けてサラダ油大さじ1を熱し、たたいたねぎ、しょうが、にんにくをさっと炒めたら、肉を戻し、煮汁の材料を加える。煮立ったら、アクを取り、落としぶたをして弱火で30分煮込み、ゆで卵を加えてさらに10分煮る。仕上げにごま油で香りをつけ、肉、卵、煮汁ごとごはんにかける。好みで、ゆでた青梗菜(チンゲンツァイ)を添えてもよい。

紹興酒がなくても、買いに走る必要はありません。
とりあえず、日本酒で作ってみましょう。

肉とゆで卵をのせ、煮汁もたっぷりかけて、
さらさらとかき込んでください。

甘辛いしょうゆ味のたれと
ごはんは永遠の組み合わせ。

豚バラ肉の甘辛焼き

肉を焼いて、そこにジャッとたれをからめる照り焼きは、肉でも魚でもいける、万能料理法だと思います。特に、豚バラ肉で作ると、赤身の間の脂が溶けて香ばしさが増し、それが、甘辛いしょうゆ味とあいまって、ほかの材料とはひと味違うおいしさになります。豚かつ同様、こういうときの相方には、キャベツのせん切りがよく合うけれど、ふと思いついて青じそも混ぜたら、爽やかな香りが和風のたれとよく合って、さらにさっぱりした印象になりました。なにもまたごはんにのせなくても、と思うのですが、どうも、肉、キャベツ、たれ、ごはんが渾然一体となった誘惑に弱くて、右のような写真となった次第。

バラ肉は、必ずしもかたまり肉である必要はありません。急いでいるときやセールでバラ肉の薄切りが安かった、なんてときは、迷わずそちらでどうぞ。

Recipe

豚バラ肉(かたまり)400g
Ⓐ(酒大さじ1、しょうゆ大さじ3)
キャベツ適量　青じその葉5枚
塩、こしょう、片栗粉各適量
砂糖、サラダ油各大さじ2

1 豚肉は10cm長さで5mm厚さに切り、軽く塩、こしょうをふり、片栗粉を薄くまぶす。
2 フライパンにサラダ油を熱し、1の豚肉を入れて両面を焼いたら、砂糖をふり入れ、砂糖が溶けたら、Ⓐを回しかけて強火で煮詰め、肉にからめる。
3 キャベツと青じそをせん切りにして混ぜ、2に添える。好みでごはんといっしょに。

豚バラ肉と大根の煮物

　白い皮に傷ひとつなく、つやつやと光る冬の大根を見ると、煮物にして、という大根の声が聞こえる、わけはないけれど、なんだかふらふらと煮物を作る気になるというのは、ほんとうです。牛肉、ぶり、いかと、相手に何をもってきてもそれなりの味になるのが、大根のエライところ。だけど、料理初心者だったころ、テレビでおばあさんが、「大根と豚肉のべっこう煮」を作るのを見て以来、豚バラ肉との組み合わせが、強力にインプットされたらしく、冬いちばんに挑戦するのが、これです。バラ肉が柔らかく仕上がるよう、30分ほど煮るので、大根の下ゆでもなし。もし、昔ながらのべっこう煮にしたいときは、しょうゆと砂糖の量をもう少し増やしてください。

乱切りは、材料を回しながら斜めに切る方法。大根のように大きいものは縦四つ割りにしてから切ります。

Recipe

豚バラ肉（かたまり）600g　大根800g
赤唐辛子1本　煮汁（だし汁$2\frac{1}{2}$カップ、
砂糖・みりん各大さじ2、
しょうゆ大さじ5）　酒大さじ4
サラダ油適量

1. 豚肉は2cm厚さの一口大に切る。
2. 大根は皮をむき、大きな乱切りにする。
3. 鍋にサラダ油大さじ$\frac{1}{2}$を熱し、豚肉を入れて両面を香ばしく焼き、取り出す。
4. 鍋に残った脂を捨てて、サラダ油大さじ1を熱し、大根を入れてさっと炒めたら、肉を戻し、酒をかける。沸騰したら、だし汁、砂糖、みりんを入れ、アクを取りながら3分煮たあと、しょうゆ、種を取った赤唐辛子を加え、落としぶたをして約25分煮る。

皮までおいしい冬大根。捨ててはならじと、きんぴらにすることも。サラダ油少々で1本分の皮を炒め、砂糖、みりん各小さじ1、しょうゆ小さじ2で調味していりつけ、ごま油、いりごま各少々をふります。

豚肉と豆のトマト煮

アメリカのポークビーンズ、ブラジル料理のフェジョアーダなど、肉と豆の煮込みは、おかあさんが作るふだんの家庭料理という感じがして、好きです。で、もしもわたしが作るならと、考えたのがこれです。こういう煮込みにはつきものですが、肉を焼いたあとの鍋で、玉ねぎを炒めます。これは、鍋に残っている肉のうまみを、玉ねぎでからめ取るため。で、その玉ねぎをしっかり炒める。小さいテクニックのようだけど、これがひいては、ソースの甘みやこくになります。ぜひ、覚えておきましょう。

ふだんの、気取ってない
家庭料理が好きです。

Recipe

豚バラ肉(かたまり)600g　玉ねぎ1個
にんにく1かけ　白いんげん豆水煮缶詰、
トマト水煮缶詰各1缶　白ワイン½カップ
固形スープの素1個　オリーブ油大さじ2
砂糖、塩、こしょう各適量

1 豚肉は3cm角に切り、塩、こしょうをふる。玉ねぎ、にんにくはみじん切りにする。
2 鍋にオリーブ油大さじ1を熱し、豚肉を入れて表面を香ばしく焼きつけ、取り出す。
3 鍋の余分な脂を捨て、オリーブ油大さじ1を熱してにんにくを炒め、玉ねぎを加えて7分ほど炒める。
4 3に肉を戻して白ワインを加え、沸騰したらトマト水煮(缶汁も)、水1½カップ、固形スープ、あればローリエも加え、アクを取ったあと、ふたをして弱火で40分煮る。
5 缶汁をきった豆を加えて15分煮、塩小さじ½、砂糖、こしょう各少々で調味する。

肉を焼いたあとの鍋で(余分な脂は捨てます)、玉ねぎを炒めると、ちょっと茶色になるけれど、これがしっかり肉のうまみを吸い取った証拠。

もうちょっと予算を抑えたいときは、豆を大豆にかえる手も。最近は大豆の水煮缶詰があって便利。

ソーキ汁

沖縄なくして、豚バラ肉の料理を語ることなかれ。

ときどき、沖縄出身の知人が、実家から材料を送ってきたからと、ソーキ汁をごちそうしてくれます。豚バラ肉と大根、昆布を、ことこと煮込んだだけのものだけど、豚肉がとろけるように柔らかく、なのに、ちっともしつこくなくて、汁には昆布のうまみや大根の甘みが、絶妙に溶け込んでいます。まさに「滋味」という感じ。それまで、沖縄料理は、見るからにワイルドなものが多い印象だったので、この、おでんをもっと上品にしたような味わいに驚きました。沖縄の人が、豚バラ肉をよく食べるのは知られているけれど、最初にゆでて、ちゃんと余分な脂は抜いているんですよね。昆布もしっかりいっしょに食べたりと、長寿といわれる背景には、それなりの食生活の知恵があるのだと実感します。

Recipe

スペアリブ800g　大根750g
昆布25g　煮汁(だし汁7カップ、
塩小さじ1½、しょうゆ大さじ2、
酒¼カップ)

1 スペアリブはたっぷりの熱湯に入れ、20分ほどゆでる。

2 大根は3cm厚さの輪切りにして皮をむく。昆布は5cm長さに切る。

3 鍋に昆布と煮汁の材料を入れ、1のスペアリブ、大根を入れて火にかけ、煮立ったら、落としぶたをし、弱火にして約1時間煮る。

沖縄料理では、最初にゆでて、豚バラ肉の余分な脂を取り除きます。沖縄の豚肉は、どこか甘みさえ感じさせるほど、うまみが強くておいしい。

サムギョプサル

以前、近所の焼き肉屋さんに入ったとき、メニューに「豚バラ肉」とあったので、豚肉好きの夫が注文したら、「えっ、牛肉よりうまい！」と思うくらい感激の味でした。聞けば、韓国では、サムギョプサルと呼ばれ、自家製のみそといっしょに、サンチュに包んで食べるのだとか。むしろ、焼き肉としては、こちらのほうが伝統的だそうです。知らないことはおそろしい。おいしいものをずっと食べ損なっていたと知り、激しく後悔したのでした。本格的な牛肉の焼き肉と違い、これなら、材料調達も簡単で、家庭でも気軽に作れます。

Recipe

豚バラ肉(かたまり)400g　ねぎ1本
サンチュ、塩、こしょう、
ごま油各適量
合わせみそ(みそ大さじ3、ごま油・
すりごま・コチュジャン各大さじ1、
おろしにんにく1かけ分)

1 豚肉は3mm厚さの薄切りにし、軽く塩、こしょうをふる。
2 ねぎは4cm長さのせん切りにする。
3 フライパンまたはホットプレートにごま油少々を熱し、1の豚肉を入れて、両面を香ばしく焼く。ねぎとともにサンチュにのせ、合わせみそをつけて、包んで食べる。好みでキムチを加えてもおいしい。

サムジャンという名前の合わせみそ。コチュジャンやごまで作ります。そのままごはんにつけて、サニーレタスで包んで食べてもおいしい。

豚肉で、焼き肉ができるなんて、知らなかった。
シンプルな味つけで焼いて、サムジャンをつけ、
サンチュで包む、韓国の伝統的な食べ方です。

豚バラ肉の豆豉(トウチ)蒸し

中国は、おいしい豚バラ肉料理の宝庫だとつくづく思います。香港の点心でおなじみの「豉汁蒸排骨(チーヅーヅンパイグウ)」といわれる料理は、スペアリブに豆豉の風味の調味料をからめて蒸したもの。骨のまわりの肉が柔らかく、味つけも、ほんのり豆豉をきかせた、限りなく塩味に近いもので、思わず蒸し汁まで飲んでしまいたくなるおいしさ。で、このたび、その憧れの味に初挑戦してみました。味が行き渡るように、豆豉を刻み、一度電子レンジにかけて柔らかくしてから加えます。短いスペアリブは手に入りにくいからと、豚バラ肉にしたら、かえって骨を気にせず、食べやすくなりました。

Recipe

豚バラ肉(かたまり)600g　にんにく、しょうが各小1かけ　ねぎ5cm
豆豉大さじ1　Ⓐ(しょうゆ大さじ1½、砂糖小さじ1½、顆粒鶏ガラスープの素小さじ½、赤唐辛子の輪切り1本分、サラダ油大さじ1)　片栗粉大さじ2

1 豚肉は1cm厚さで3cmの長さに切る。
2 にんにく、しょうが、ねぎはみじん切りに。
3 豆豉は粗く刻み、水小さじ2をかけて電子レンジに約30秒かけ、Ⓐと合わせる。
4 1のバラ肉に2と3を加えて全体にからめたら、30分ほどおく。蒸す寸前に片栗粉をまぶし、蒸気の立った蒸し器に入れて、強火で20分蒸す。

豆豉は、大豆を発酵させたもの。少し前までは、なければ日本の浜納豆で代用をと言っていたけど、最近はその必要もないほどポピュラーに。

スペアリブで作るときは、肉屋さんに頼んで、3cm長さに切ってもらうと、食べやすい。

シャシュリーク風

　昔、よく行っていた居酒屋に「シャシュリーク」というのがありました。注文すると、長くて大きい金ぐしに刺してあぶり焼きにした肉をお兄さんが「熱いよっ」と言いながら持ってきてくれて、目の前で、手際よくそぎ切りにしてくれました。単に塩とこしょうで味つけしただけのものだったけれど(確か)、肉を食べる醍醐味があったなあ。今はもう行くことはないけれど、シャシュリークだけは、しっかり記憶に残っています。で、あの焼いた肉の原点のようなおいしさを、豚バラ肉で再現したというわけ。最初にまわりを焼きつけますが、あまり強火だと、焦げやすいので、気をつけて。

シンプルイズベストという言葉を思い出す料理。

Recipe

豚バラ肉(かたまり)1.2kg
にんにく2かけ　塩小さじ$1\frac{1}{2}$
黒こしょう3g　サラダ油小さじ1

1 豚肉は冷蔵庫から出して30分ほどおき、室温にもどしたあと、全体に、塩、黒こしょうをすり込み、おろしたにんにくもこすりつけて、10分ほどおく。

2 フライパンにサラダ油を熱し、1の豚肉を脂身のほうから入れて焼きつけ、全体に香ばしい焼き色をつけたら、脂身を上にして天板にのせ、220℃のオーブンで30分ほど焼く。

3 焼き上がったらホイルをかけて8分ほどおき、適当に端からそぎ切りにする。

正調東坡肉(トンポーロウ)

よく考えると、リトルトンポーロウとか、ねぎ豚とか、なんだか、どの本にも東坡肉系の料理を紹介してきたので、またかと言われそうですが、やっぱり、これを出さずして、わたしの東坡肉の旅(?)に終わりはないと思っています。大好きな檀一雄氏の『檀流クッキング』(中央公論新社刊)で見つけた、正調東坡肉。この「豚肉のご馳走のなかの王様」を、鍋で煮るのではなく、ちゃんと蒸して作って、とろとろになったところを、「箸で思うままに、ちぎ」って食べたいと切望していました。少し自分流に変えたけれど、念願かなって、堪能して、これで思い残すことはありません。

Recipe

豚バラ肉1kg　ねぎ1本　にんにく、
しょうが各2かけ　酒$\frac{1}{4}$カップ
しょうゆ、紹興酒(しょうこうしゅ)各大さじ5
氷砂糖30g　サラダ油少々

1 深鍋にたっぷりの湯を沸かし、豚肉の脂身を上にして入れ、つぶしたにんにく、しょうが各1かけ、ねぎの青い部分、酒も加えたら、アクを取りながら、1時間ゆでる。

2 1の肉を水にとって表面をひきしめたあと、水けをふき、しょうゆを入れたボウルに入れてからめる。サラダ油少々をひいたフライパンに脂身のほうから入れて、全体を香ばしく焼きつけ、5cm角に切り分ける。

3 肉を2のしょうゆを入れたボウルに並べ、紹興酒、氷砂糖、1のゆで汁$\frac{1}{2}$カップ、あれば海鮮醤(ハイセンジャン)大さじ1も加え、つぶしたにんにく、しょうが、残りのねぎの白い部分をのせ、強火で1時間30分〜2時間蒸す。

ひたすら、蒸すべし。あの「豚のバラ肉が、飴色に、
とろけるように、煮えていて」という名文が現実に。

ゆで豚のにんにくじょうゆ

豚バラ肉料理の最後は、シンプルなゆで豚をご紹介します。ゆで豚というと、味があるような、ないような、ちょっと頼りなさげに見えるかもしれませんが、中国風、エスニック風、和風など、たれを変えれば、たれの数だけ楽しめる、懐の深い料理。しかも、残れば残ったで、正真正銘の回鍋肉（ホイコオロウ）ができたり、煮豚ができたりと、地味なわりには、いろいろに使える、毎日のごはんのネタ帳のようなものです（28ページの応用編と併せて、お使いください）。

どちらかというと行き当たりばったりで、さしあたって予定もないのに、安売りしてるからと、豚バラ肉のかたまりを買ってしまった、なんてときは、冷凍もいいけれど、とりあえず、このゆで豚にして保存してみてください。

ここでは、ひとまず、定番のにんにくじょうゆをかけました。好みで、にらを刻んで加えてもおいしくなります。

ねぎや酒をしっかり入れた、豚肉のゆで汁はスープに利用できます。一晩おくと脂が白く固まるので、それを除いてから使うとさっぱりします。

Recipe

豚バラ肉（かたまり）600g　ねぎ1本
しょうが2かけ　にんにく1かけ
酒大さじ2　Ⓐ（しょうゆ大さじ3、
酢大さじ1½、ごま油小さじ1、砂糖少々）

1 鍋にたっぷりの湯を沸かし、豚肉の脂身の部分を上にして入れたら、ねぎの青い部分、つぶしたしょうが1かけ、酒も加えて、1時間ゆでる。ゆで汁につけたまま冷ます。
2 にんにく、しょうが1かけ、ねぎの白い部分5cmをみじん切りにし、Ⓐに加える。
3 1の肉を薄切りにし、2のたれをかける。好みでねぎの薄切りと香菜（シャンツァイ）を添える。

キムチといっしょに

ゆで豚は、たれでなくても、白菜キムチといっしょに食べてもおいしい。キムチの絶妙な塩味やうまみが、ほどよいたれ代わりになります。ついでに、韓国料理の「包んで食べる」楽しい習慣を取り入れて、サニーレタスやサンチュに包むのも、おすすめです。

こんな食べ方もできます。

四川風たれで

ぴりっと豆板醬をきかせた、四川風のたれにすると、がぜん、由緒正しい中国料理の「白片肉(パイピエンロウ)」になります。ボウルに、しょうゆ大さじ3、砂糖、ごま油各大さじ1、おろしにんにく1かけ分、豆板醬小さじ1を混ぜ合わせるだけ。きゅうりを皮むき器などでリボン状にむいて添えれば、完璧です。

にんにくじょうゆ漬けに

ゆで豚ができたところを、3分の1ほど、ちょいと切り分けて、にんにく風味のしょうゆで煮ます。日もちがするし、ラーメンやチャーハンの具に応用できて、便利この上なし。鍋にしょうゆ、ゆで汁各$\frac{1}{4}$カップ、酒大さじ1、つぶしたにんにく1かけを煮立て、ゆで豚300gを入れて、煮汁をかけながら5分煮、そのまま漬けます。

みそ炒めに

手近な材料でさっと作れるよう、日本のみそを使った和風「回鍋肉」。サラダ油少々を熱した中華鍋で、一口大に切ったゆで豚300g、4cm長さに切ったねぎ2本を炒め、みじん切りのにんにくとしょうが各少々を炒めたら、合わせ調味料(みそ大さじ2、豆板醬小さじ2、砂糖・酒各大さじ1、しょうゆ大さじ1$\frac{1}{2}$)をからめます。

やっぱり卵でしょ

Deli 2

冷蔵庫の卵ケースが空になると、たちまち明日から、
ごはん作りが不自由になるような気がするのは、わたしだけ？
一年中、安くて、たった1個で栄養価が高く、
おまけに、さしたる手間もかけずに、人気のおかずができる
といったら、やっぱり卵でしょ。

豚玉

かに缶は高いから、フレークが入った小さなかに缶で、経済かに玉を作るにやぶさかでないとはいえ、けちった結果、中途半端なかに風味になるくらいなら、かにのことはすっぱり忘れて、ここは、安い豚こまでいこう、というのが、この豚玉です。実際作ってみると、卵のなかに、存在感のある豚肉がごろごろと入っていて、おまけに野菜もたっぷりだから、食べごたえ十分。作り手としては、今日のおかずは栄養的にも充実していたと、達成感があるのでした。

Recipe

卵8個　豚こま切れ肉200g　ねぎ1本
生しいたけ4枚　ゆでたけのこ100g
しょうゆ、酒各大さじ1　あん（しょうゆ・酢・砂糖各大さじ2、片栗粉小さじ½強）
塩、こしょう各適量　サラダ油大さじ3

1 卵は溶いて、塩小さじ⅓、こしょう少々で調味する。

2 豚肉は塩、こしょう各少々をふる。ねぎは斜め薄切り、しいたけは軸を切って薄切りにする。ゆでたけのこはできればさっと湯通ししてから、4cm長さの短冊切りにする。

3 中華鍋にサラダ油大さじ1を熱し、豚肉を入れて香ばしく炒めたら、2の野菜を加えて炒め合わせ、しょうゆ、酒、こしょう少々で調味して、1の卵に加える。

4 続けてサラダ油大さじ2を熱し、薄煙が立つくらいまで熱くなったら、3の卵を一気に流してへらで大きく混ぜ、半熟になったら裏返して丸く焼く。器にとり、ひと煮立ちさせたあんをかける。あれば、ちぎった香菜（シャンツァイ）を添える。

まず中華鍋を熱くし、それから油を入れて、これも薄煙が立つくらい熱くします。そこに卵を一気に流して焼けば、卵が油臭くなりません。

中華風目玉焼き丼

　その昔、愛読していたグルメ雑誌に、いかに目玉焼きを焼くか、どんな目玉焼きが正しいか、大真面目で取り組んだ記事がありました。子どものころから、目玉焼きごはんが大好きだったわたしとしては、「わかるわかる、白身の縁は、ちょっとカリッとしていたほうがおいしいのよね」とか、「あっ、水かけちゃ、おしまいよ」などと、いっぱしの目玉焼き評論家となって、読みました。だから、その数年後、中国の人は、揚げ油の中に、卵を割って落として(!)、揚げ卵を作り、それをごはんにのせると知ったときは、「そこまでやるのか、中国料理おそるべし」といたく感心したのでした。
　ただ、自分で作るとなると、卵を揚げるだけのために、揚げ油を温めるまでの根性はなく、しかも卵が油の中ではねて大変なので、フライパンに多めの油を熱して焼く方法にしています。ふつうの目玉焼きと違い、白身全体がカリカリッと香ばしくなるところがおいしい。甘酢じょうゆをかけたら、これぞ中華という味になりました。

「目玉焼きごはん」も
実は、なかなか、
奥が深いのです。

Recipe

卵4〜8個　たれ(しょうゆ大さじ1、
酢・砂糖各大さじ½)　ごはん適量
サラダ油⅓カップ

1 フライパンにサラダ油を熱し、卵1個を割り入れたら、フライパンを傾け、たまった油を卵にかけながら、揚げるような感じで焼き、好みの固さになったら取り出す。黄身を白身で包んでもよい。残りも同様に作る。
2 温かいごはんに1の目玉焼きをのせ、電子レンジで温めたたれをかける。

トルティーヤ

トルティーヤは、スペインの平らなオムレツです。本場の専門店では、直径30cm、厚さが15cmもあるような大きな円盤形になるとか。スペイン帰りの人に聞くと、じゃが芋のトルティーヤなら、じゃが芋は絶対揚げなきゃだめよ、と言うので、簡略版の炒め揚げにして、香ばしさを出しました。国が違えば、オムレツの芸風も違うようで、フランスでは焦げ色ひとつない美しい黄色に焼くのに比べ、トルティーヤはしっかり焼き、茶色に色づいた卵の風味をよしとしているところが、おもしろいなと思います。

Recipe

卵6個　じゃが芋2個　玉ねぎ½個
にんにく1かけ　オリーブ油、塩各適量

1 ボウルに卵を溶く。

2 じゃが芋は3mm厚さの輪切りにする。水にさらさなくてもよい。玉ねぎは薄切り、にんにくはみじん切りにする。

3 フライパンに塩ひとつまみを加えてオリーブ油大さじ3を熱し、じゃが芋を入れて、香ばしく炒め揚げにする。

4 じゃが芋に火が通ったら、にんにくと玉ねぎを加えてさらに3、4分炒め、1の卵に加えて混ぜ、塩小さじ1で調味する。

5 フライパンにオリーブ油大さじ1を熱し、4の卵を入れて混ぜ、全体が半熟状になったら、形を整えて弱火にし、ふたをして蒸し焼きにし、八分程度火が通ったら裏返して焼く。いったん皿にひっくり返し、そのままフライパンにすべりこませるとよい。

ゆでたじゃが芋と揚げたじゃが芋とでは、トルティーヤの味は段違い。多めの油で炒めるようにして揚げる方法なら、やる気もおきますよね。

タイ風卵焼き

味つけの塩を、ナンプラーにかえるだけで、はい、タイ風の卵焼きの一丁上がり。タイ料理にナンプラーは不可欠と知っていたけれど、これほど変わり身が早く、エスニックな顔つきになるとは。

初めて作ったときは、あらためてナンプラーの威力に驚きました。

甘くて酸っぱくて辛いスイートチリソースもおともに。

Recipe

卵6個　豚ひき肉100g　酒大さじ1
ナンプラー大さじ2　しょうゆ大さじ½
サラダ油¼カップ
スイートチリソース適量

1 フライパンに豚ひき肉を入れ、酒または水大さじ1を加えて、ぽろぽろになるまでいる。水けが出ていたらきる。

2 卵を溶き、1のひき肉、ナンプラー、しょうゆを加えて混ぜる。

3 フライパンを熱し、サラダ油を入れて薄煙が立つくらい熱したら、2の卵を一気に流し入れて混ぜ、半熟状になったら、二つに折って焼く。チリソースをかけて。

オムレツチキンライス

実は、オムライスが苦手です。フライパンに卵が丸く大きく広がったとたん、なぜか気ばかりあせり、ついごはんを多めに入れるものだから、きれいに包めず、いつも四苦八苦します。で、別々にすることにしました。その代わり、オムレツは気合いを入れて半熟に作り、チキンライスの上で二つに割って、ごはんにからめて食べるようにしています。

Recipe

卵6個　ごはん700g　鶏もも肉1枚
玉ねぎ1個　ピーマン2個
サラダ油大さじ3　バター小さじ2
トマトケチャップ、塩、こしょう各適量

1 鶏肉は1.5cm角に切り、塩、こしょうをふる。玉ねぎはみじん切り、ピーマンは5mm角に切る。

2 中華鍋にサラダ油を熱し、鶏肉を香ばしく焼いたら、玉ねぎを入れて炒め、トマトケチャップ½カップを加えて炒める。

3 2に温かいごはんを入れて炒め合わせ、ピーマンを加えてさっと炒めたら、塩、こしょうで調味し、皿に盛る。

4 卵を溶いて塩、こしょう各適量で調味し、バターを熱したフライパンに流して混ぜ、半熟状になったら、木の葉形に整え、3にのせる。ケチャップ少々をかける。

豚肉とごぼうの柳川風

どじょうには悪いけれど、ごぼうの入った卵とじのおいしさだけいただいて、豚肉で作りました。どうしてもごぼうのアクが出るから、仕上がりの卵の色は、美しい黄色というわけにはいきませんが、味がよければすべてよし、ですよね。

Recipe

卵4個　豚こま切れ肉200g　ごぼう1本（200g）　煮汁（だし汁1カップ、しょうゆ・みりん各大さじ3、砂糖大さじ1）　粉山椒適量

1 ごぼうは表面をたわしで洗う。縦半分に切って斜め薄切りにし、水に10分ほどさらす。

2 鍋に煮汁の材料を入れ、ごぼうを入れて2分ほど煮たら、豚肉を入れてほぐしながら煮る。肉に火が通ったら、火を弱めて、溶き卵を回し入れ、1分ほど煮たあと、ふたをして火を止め、余熱で半熟状になるまで蒸らす。粉山椒をふる。

ごぼうは皮をこそげず、表面をたわしで洗えばOK。

茶碗蒸しの えびあんかけ

和食を出されたとき、魚のから揚げでも、かぶら蒸しでも、ちょっとあんがかかっていると、すごく上等の料理のような気がします。だからこの茶碗蒸しも、土台は具なしのシンプルなものにして、代わりにあんは気張って、えび入り、わさび添えにしてみました。うちでは、「なんちゃって割烹料理」と呼んでいます。

Recipe

卵6個　Ⓐ(だし汁4½カップ、酒大さじ1、塩小さじ1½、しょうゆ小さじ2)　えびあん(むきえび8尾、だし汁1½カップ、塩小さじ½、酒・しょうゆ各小さじ1、片栗粉小さじ1)
三つ葉、塩各適量　わさび少々

1 卵は溶きほぐし、前もって合わせたⒶを加えて混ぜ、こし器を通して器に入れる。
2 表面の泡を除いてから、蒸気の立った蒸し器に入れ、最初は強火で1分、あと弱めの中火にして15分蒸す。
3 えびあんのえびは、塩水で洗って3つに切る。小鍋にだし汁、塩、酒、しょうゆを合わせて煮立て、えびをさっと煮たら、水小さじ2で溶いた片栗粉を加えてとろみをつけ、2にかける。ざく切りの三つ葉を散らし、おろしわさびを添える。

袋煮

　油揚げを半分に切って具を詰め、口をきゅっと縛ったものは、形が似ているところから、きんちゃく煮とも呼ばれています。あれこれ具に凝った五目煮を詰めることもあるけれど、わたしは、ごく簡単に卵をポトリと落とすだけ。半熟の黄身が、辛く煮含めた油揚げとよく合います。

Recipe

卵8個　油揚げ4枚　生しいたけ4枚
煮汁（だし汁1½カップ、しょうゆ大さじ3、みりん・酒各大さじ2、砂糖大さじ1）

1 油揚げは、開きやすいよう、箸を上から押すように転がしてから、横半分に切り、中を開いて、熱湯をかける。

2 生しいたけは軸を切って、薄切りにする。

3 1の油揚げにしいたけを入れ、卵を1個ずつ入れて、口を楊枝で留める。

4 鍋に煮汁の材料を煮立て、3の油揚げを立てるようにして並べたら、落としぶたをして、味がしみるまで7～8分煮る。

箸を転がしておくと、袋に開きやすくなります。

和風五目オムレツ

いろんな具が入った和風の卵焼きはおいしい。だけど、具の数に比例して、焼くのがむずかしくなるのも事実。で、味は和風の五目卵焼きにして、形は焼きやすいオムレツにしました。途中でくずれそうになっても、くじけず、そのまま弱火で焼いていくと、ちゃんと固まります。

Recipe

卵5個　木綿豆腐½丁　鶏ひき肉100g　干ししいたけ3枚　三つ葉1束
酒、砂糖、しょうゆ、塩各適量
サラダ油小さじ2

1 豆腐はざっとくずし、二重にした紙タオルにのせて、電子レンジに3分かける。
2 干ししいたけはもどして、せん切りに。
3 フライパンにひき肉を入れ、酒大さじ1をかけてぽろぽろにいったら、干ししいたけ、豆腐も加えて炒め合わせ、塩少々、しょうゆ小さじ2で下味をつける。
4 卵を溶き、3とざく切りの三つ葉を入れて混ぜ、塩小さじ⅔、砂糖大さじ2½、しょうゆ小さじ1で調味する。
5 フライパンにサラダ油を熱し、4の卵を入れて全体を混ぜ、半熟になったら、向こうに寄せて木の葉形に整え、ふたをして弱火で1〜2分焼いたあと、裏返して同様に焼く。あれば大根おろしを添える。

「はじめに」でも書いたけれど、今回の『ビンボーDeli.』は、「安くておいしい」をテーマにしています。だけど、「簡単でおいしい」が実はとても難しいように、この「安くておいしい」もおいそれとはできないなあと思っています。だって、値段が安い材料を選ぶのは比較的簡単だけど、それをどう料理するかは、ちょっと大げさに言えば、料理に携わる人間の、料理に対する考え方やセンスがきっちり問われる、「踏み絵」のようなものだからです。

ビンボーDeli.の意地

From the Deli.Kitchen

なーんてこと言っておいて、いきなり身も蓋もないことを言うようですが、わたしは基本的に、「経済料理」という特別なジャンルは、料理の世界には存在しないと思っています。みんな、なんとなく、これさえ知っておけば、「安いおかず」がたちどころにできてしまうというような、明確な調理法があるような気がしているけれど、そんな便利なアイディアやマジックのようなものは、ないのです。

あるのは、安い材料を、理にかなった、まっとうな調理法で作った料理があるだけ。

たとえば、「豚バラ十番勝負」を見ていただければわかると思いますが、「東坡肉（トンポーロウ）」も「シャシュリーク」も、材料はまぎれもない安いバラ肉だし、調理法だって、あっと驚くようなアイディアがあるわけではありません。だけど、でき上がった料理は、素材の安さなんてみじんも感じさせないし、それどころか、堂々と「ごちそう」になっている。わたしが今回、この本で紹介したかったのは、そんな料理で、それが、日本はもちろん、韓国、中国、ヨーロッパにも、まだまだたくさんあることを、ぜひ知ってほしかったのです。

前回の『100文字レシピ』で「簡単でおいしい」料理を紹介したときもそうだったけれど、100文字料理なのだから、味は手抜きでいいとは絶対考えたくない。同じように、安い材料だから、味のレベルが落ちたり、ちょっとへんてこりんな料理になるのは仕方がないと考えるのは、間違いだと思うのです。

お金がないのは恥ずかしいことではないけれど、お金がないから、「安かろう、悪かろう」の料理に甘んじるのは、やめましょう。ときには、今までかけなかった手間を強いられることもあるかもしれないけれど、作るからには、みんなに「わたしが作りました」と胸を張って出せるようなものであってほしい。きれいごとを言うようだけど、食べた人を幸せにするものであってほしいと思うのです。

チキンは味方

Deli 3

調理師学校で、鶏1羽をさばくのを習って以来、
丸ごと鶏を買いたいという欲求がつきまとうようになりました。
でも、ふだんはおとなしく、部位別にお買いもの。
それでも、ついつい大きな骨つきのもも肉などに手がのびて、
夫からは、「食べにくいからやめて」と言われています。

鶏肉の南蛮漬け

　南蛮漬けというと、保存がきくというイメージが強いのですが、これはどちらかというと、当日勝負の料理。ふっくらと揚がったあつあつの鶏肉に、甘酸っぱい漬け汁が、さっとなじんだところが、さっぱりしていておいしいと思います。だし汁が入るので、酸味がやわらかいのがいいのか、子どもにも好評でした。特別、むずかしいことはないのですが、もも肉のときは、下の写真のように、肉の厚い部分を開いておくのが、基本的な下ごしらえ。これは、できるだけ火の通り方を同じにするためで、いろんなもも肉料理に使えます。

Recipe

鶏もも肉2枚(600g)　しょうが汁1かけ分
ねぎ1本　漬け汁(酢½カップ、
だし汁¼カップ、砂糖大さじ1強、
しょうゆ大さじ1½、塩小さじ½、
赤唐辛子〈種を取る〉2本)
塩、しょうゆ、小麦粉、揚げ油各適量

1. 鶏肉は包丁を寝かせて、肉の厚い部分を開いてから、4cm角に切り、しょうが汁、塩、しょうゆ各少々をからめて15分おく。
2. 漬け汁の材料をバットに合わせる。
3. ねぎは4cm長さの細切りにする。
4. 1の鶏肉に小麦粉をまぶし、170℃の油でからりと揚げたら、2の漬け汁に入れ、3のねぎも加える。10分ほどおくと味がなじむ。

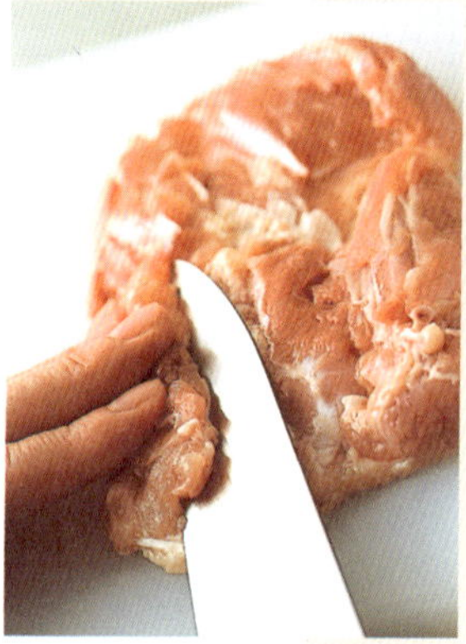

もも肉は、火が通るのに、案外時間がかかるのでご注意を。こうして厚みを開いたり、肉全体に切れ目を入れておくと火の通りがよくなります。

南蛮漬けは、魚だけの
ものにあらず。
肉でも、いけます。

鶏肉のピリッとみそ炒め

　中国料理の炒め物です。ほんとうは鶏肉を「油通し」（炒める前に肉を低温の揚げ油に通す手法）するにこしたことはありませんが、やっぱり億劫で、いまだに、肉を最初に香ばしく焼く方法で乗り切っています。だけど、豆板醤（トウバンジャン）と甜麺醤（ティエンメンジャン）できっちり合わせ調味料を作り、「手早く」を心がけて炒めると、本場の「醤爆鶏丁（ジャンバオジイティン）」もかくありなんというおいしさ。家庭の火力だと、どうしても最後に汁けが残ってしまいがちですから、そんなときは慌てず騒がず、水溶き片栗粉で全体をまとめると、肉にも野菜にも味がからんでいっそうおいしくなります。

Recipe

鶏もも肉1枚（300g）　下味（塩・こしょう各少々、酒・しょうゆ各小さじ1）
にんにく、しょうが各1かけ　ピーマン3個
赤ピーマン2個　ゆでたけのこ100g
豆板醤小さじ2　Ⓐ（甜麺醤大さじ2、砂糖・紹興酒（しょうこうしゅ）各大さじ1、しょうゆ大さじ1½）　サラダ油大さじ3

1 鶏肉は2cm角に切り、下味の調味料をからめる。
2 2種のピーマン、たけのこは2cmの角切り、にんにく、しょうがはみじん切りにする。
3 中華鍋にサラダ油大さじ1を熱し、たけのこ、ピーマンをさっと炒めて、取り出す。
4 続けてサラダ油大さじ2を熱し、鶏肉を入れて両面を香ばしく焼く。鍋を手前に傾け、たまった油でにんにく、しょうがを炒めたら、鍋を戻して強火で豆板醤を炒め、Ⓐも加えて全体にからめたあと、3の野菜を戻して手早く混ぜ合わせる。

中国調味料は
値段も手頃で助かります。

中国の甘みそ、甜麺醤。これ以外にも、この本ではいろいろと使うので（55、65ページなど）、一びん買って困った、なんてことにはさせません。

手羽先と大豆の煮物

最近は、ほとんどなくなったけれど、この食い意地の張ったわたしにも、食わず嫌いはありました。鶏の手羽先がまさにそうで、安いなあ、と思っても、なぜかいまひとつ手が出ない。それが、バーベキューやしょうゆ焼き(51ページ)で、香ばしく焼いたときのおいしさを知って以来、うまみのある部位なんだと、これまで不当に手羽先を扱っていた態度がころりと変わりました。ほかにもおいしい食べ方がないかしらと、試した結果、今一番のおすすめがこれです。大豆といっしょに、中華風に煮たもので、ちょっとオイスターソースを加えると、なんだか中国のしょうゆで煮たような、こくが出ます。個人的には、しっかり味のしみた相方の大豆が好きで、子どもが残そうものなら、拾って食べています。

Recipe

手羽先700g　下味(しょうゆ大さじ1、紹興酒(しょうこうしゅ)大さじ$\frac{1}{2}$)　ゆで大豆(缶詰)140g
ねぎ1本　しょうが1かけ
煮汁(しょうゆ大さじ3$\frac{1}{2}$、
オイスターソース大さじ1、紹興酒大さじ3、
砂糖小さじ2、水1カップ)
サラダ油大さじ1

1 手羽先は下味の調味料をからめて、20分ほどおく。焼く直前に、汁けをふく。
2 ねぎは4cm長さのぶつ切りにする。しょうがは薄切りにする。
3 中華鍋にサラダ油を熱し、しょうがをさっと炒めたら、汁けをふいた1の手羽先を入れ、両面を香ばしく焼きつける。焦げやすいので気をつける。

4 3にねぎと大豆を入れて、煮汁の材料を加え、煮立ったら、アクを取る。

5 オーブンペーパーなどで落としぶたをし、弱めの中火で20分ほど煮込む。豆に味がしみて、汁けが八分程度なくなればよい。

手づかみで、食べるのが楽しい。
しょうゆ味のしみた豆もお忘れなく。

タイ風フライドチキン

たとえ、タイ料理に精通してなくても、ナンプラーはフライドチキンに使っておいしいから、試しに買っても損はありません。揚げるのに、すこし時間はかかるけれど、骨つきの肉にかぶりつくのが好きで、ときどき軟骨もばりばりと食べては、子どもから、「なに食べてるの？」と驚かれています。

Recipe

鶏手羽元600g　漬け汁（にんにく1かけ、ナンプラー大さじ2、砂糖・こしょう各小さじ1）　小麦粉、揚げ油各適量

1 漬け汁のにんにくをすりおろし、そのほかの材料と混ぜたら、鶏肉を漬けて30分ほどおく。

2 1の鶏肉に小麦粉を薄くまぶし、170℃の油で5分ほどかけてからりと揚げる。あれば、香菜（シャンツァイ）を添え、好みでスイートチリソース（36ページ参照）をつける。鶏肉は手羽元のほか、もも肉（3cm角に切る）でもよい。

下味の材料。ここでもナンプラーの威力全開です。

鶏スペアリブのしょうゆ焼き

スーパーに「鶏スペアリブ」なるものが出現して、どのくらい経つでしょうか。ラベルには、手羽中と書いてあるので、フムフムとわかっているつもりで食べていたら、あるとき、鶏の全体図を見ているうちに、「ん？　手羽中ってどこにあるの」ということに。で、仲のいいお肉屋さんに聞いてみたら、鶏のスペアリブは、手羽先を切ったものと判明しました。ああ、よかった。これで、大好きな鶏スペアリブのバーベキューも、このしょうゆ焼きも、安心して食べられます。

Recipe

鶏スペアリブ400g　たれ（しょうゆ・みりん各大さじ2）　七味唐辛子適量

1 バットにたれを合わせ、鶏スペアリブを入れて約30分漬ける。ときどき上下を返す。

2 グリルパンまたは焼き網を熱し、1の汁けをきってのせ、全体を香ばしく焼いたら、七味唐辛子をふる。

鶏スペアリブの実体は、手羽先を切り分けたものです。

グンボーイリチー

　グンボーはごぼう、イリチーは炒め煮という意味の、沖縄料理です。昆布と豚バラ肉を炒め煮にしたクーブイリチーは有名だけど、ごぼうでみそ味の、こんなイリチーもあると知って、これまであまりなじみのなかった沖縄料理が、なんだかすごく身近に思えました。味つけは自己流だけど、ごぼうがたっぷり入るところはそのまま真似をして作っています。みそは何でもけっこうですが、種類によって、塩味も甘みも違うので、そのへんは様子を見ながら、好きな味に調節してください。

Recipe

鶏もも肉1枚(300g)　ごぼう2本(350g)　煮汁(みそ大さじ3、酒・砂糖各大さじ1、みりん大さじ2、しょうゆ小さじ1、だし汁1カップ)　サラダ油大さじ2

1 鶏もも肉は一口大に切る。

2 ごぼうはたわしで洗い、一口大の乱切りにして水に10分ほど放す。ていねいにするときは、1分ほど下ゆでする。

3 鍋にサラダ油を熱して鶏肉を入れ、両面を焼きつけたら、ごぼうを加えて炒め合わせる。煮汁を加え、落としぶたをして、15分ほど煮る。

鶏肉のみそ漬け

長い間、ガーゼをはさむのは、料理屋さんの仕事と、直接みそ床に材料を入れて漬けていました。だけどあるとき、手元に残っていたガーゼをはさんで作ってみたら、すんなり材料が取り出せて、みそを取り除くのに四苦八苦していたのが、うそのよう。以来ガーゼ派になりました。焼くのは、フライパンでもかまいません。

Recipe

鶏もも肉2枚(700g)　みそ床(みそ250g、酒・みりん各$\frac{1}{4}$カップ、砂糖大さじ1、しょうが30gの絞り汁)

1 みそ床の酒とみりんを2分ほど沸騰させ、冷めたら、そのほかの材料と合わせる。

2 鶏肉は厚い部分を開き、皮のほうからフォークで数カ所つついておく。

3 適当な容器にみそ床の$\frac{1}{3}$量を広げ、ガーゼをのせて鶏肉を並べ、再びガーゼをかけて残りのみそ床を広げる。ラップをして一晩おく。

4 3の鶏肉を取り出し、魚用グリルで焦がさないように焼く。

ガーゼのおかげで、肉についたみそを落とす手間なし。

ゆで鶏とねぎの
あつあつごま油かけ

沸騰したゆで汁に、鶏肉を入れてゆでるのは1、2分だけ。あとは火を止め、余熱で火を通します。ゆで鶏を柔らかくしっとり仕上げるフランス料理の方法を応用して、中国風前菜を作ってみました。

Recipe

鶏むね肉2枚(400g)　ねぎ1本
香菜(シャンツァイ) 適量　顆粒鶏ガラスープの素大さじ1　たれ(しょうゆ・水各大さじ2、砂糖小さじ2、赤唐辛子1本)
ごま油大さじ2　塩、こしょう各適量

1 鶏肉は少しきつめに塩、こしょうをふり、10分ほどおいて水けをふく。
2 鍋に湯5カップを沸かしてスープの素、塩小さじ1½を入れ、鶏肉を入れてアクを取りながら2分ほど煮たら、火を止め、ふたをして30分おく。
3 2の鶏肉を薄切りにして器に並べ、斜め薄切りのねぎとちぎった香菜を散らす。温めたたれをかけ、熱くしたごま油をかける。

余熱で火を通すと、むね肉のゆで鶏もしっとり柔らか。

北京チキン

去年、北京に行って、いかに北京ダックがおいしいかを実感。全く同じとはいきませんが、せめてチキンで、雰囲気だけでも味わえたら、それでも幸せと、我ながらけなげな気持ちで、挑戦したものです。はちみつの代わりに、水あめでも可。

ちょっと奮発して、烤鴨皮（カオヤービイ）で包むと、本格的。1袋600円でデパートなどで売っています。

Recipe

鶏もも肉2枚　下味（砂糖大さじ2、しょうゆ大さじ2、塩小さじ1、紹興酒（しょうこうしゅ）大さじ1、あれば五香粉（ウーシャンフェン）少々）
はちみつ大さじ3　きゅうり1本　ねぎ1本
甜麵醬（ティエンメンジァン）、春巻きの皮各適量

1 鶏肉は下味の調味料に1時間ほど漬け、汁けをふいたあと、はちみつをからめる。

2 1の鶏肉の皮を上にして網にのせ、200℃のオーブンに入れて、25分焼く。

3 春巻きの皮をはがし、霧をふいてラップをかけ、電子レンジに30秒かける。薄切りにした2の鶏肉に甜麵醬をつけ、細切りのきゅうりとねぎをいっしょに包む。

６年前、プロ養成の調理師学校に通いました。高校を卒業したばかりの同級生に「ママ」と呼ばれ（そんな歳ではないと否定できなかった自分が哀しい）、いっしょに鍋磨きをしながら、フランス料理を学んだのは楽しかった。そこで、「えーっ、知らなかった」というプロの技がたくさんあって、それをいいとこどりしたものは、『あ、おいしい。』や『わ、かんたん。』でも、すでに書いたけれど、なによりも、しっかり体にしみ込んだのが、塩味の決

塩味は自分の舌で

From the Deli.Kitchen

め方でした。

すべての味は塩しだい。フランス料理は、調味料の種類が少ないから、余計に塩の役割が大きくて、料理は、塩に始まり、塩に終わると言っても過言ではありません。最初に飲んだときは頼りなく思えたブイヨンが、塩を加えたとたん、ぐぐっとうまみを発揮する瞬間や、適度な塩を加えてゆでたさやいんげんが、甘くて香りのいいこと、なんだかいつもぼんやりした味だったトマトソースが、塩加減ひとつで、酸味、甘みが際立った明確な味になること、きちんと塩、こしょうをふれば、それだけで肉のソテーがおいしいことなど、例を挙げればきりがありません。

だから、この本でも、きちんと塩味の決まったおいしさを味わってほしくて、塩の量は「少々」ではなく、できるだけ、正確な分量を出すようにしました。

だけど、心配がひとつ。たいていの家庭は、塩分ひかえめの傾向が強く、そしてそれが、すでにわが家の味として定着していることが多いのです。それを変えてほしいと言うのではありません。レストランではないのだから、それぞれの家で、おいしいと思える塩味があればいいし、それが家庭料理のよさだと思う。だけどそこに突然、「きっちり塩味を決めてみました」という料理が入ったら、どうなるか。きっと、「あんたの言う通りに塩を入れたら、塩辛いじゃないのよ」ということになると思うのです。

なんだか前置きが長くなってしまったけれど、要するに、最後の塩味は、自分で調節してくださいというお願いです。塩辛いことと、塩味を決めることは、まったく別のことだし、わたしはこれがおいしいと思うけれど、万人に共通する分量はないと思います。自分で、料理本を作っておいて言うのもなんですが、料理本はあくまでも参考に。どんどん自分の好きな味に変えてもらって、その家でずっと愛されるほうが、うれしいなと思っています。

ひき肉に感謝

Deli 4

肉のなかでも、特に、お得な感じのするひき肉には、
いつも感謝しています。だけど、安いだけに、
安っぽい料理にならないよう、気をつけなくてはとも思います。
ひき肉でしかできない、ひき肉だからおいしい料理を目指す、
その心意気が大事。

肉ギョウザ

　確かに、ギョウザはちょっと面倒な料理です。あんの野菜を細かく刻む作業があるし、あんができたらできたで、ひとつひとつ皮に包むという、地道な仕事が待っています。それでもまだできなくて、焼かなければいけない。世の中を見回せば、専門店、冷凍食品、デリカテッセンと、あちこちに、ギョウザが並んでいるから、自分で作らなくてもいいや、買ってこようという人の気持ち、よーくわかります。だけど、たとえときどきそれらを利用するにしても、本気出せば、うちのがおいしいと信じられるレシピを持っていてほしいと思うのです。「ひたすら肉を練ること」というプロの言葉を思い出して作るわが家のギョウザです。

Recipe

豚ひき肉300g　白菜300g　にら40g
ねぎ5cm　しょうが10g　にんにく1かけ
Ⓐ（塩・砂糖各小さじ1、しょうゆ小さじ2、こしょう少々）　ごま油小さじ2
サラダ油適量　ギョウザの皮2袋

1 白菜はさっとゆでてみじん切りにし、水けを軽く絞る。にら、ねぎ、しょうが、にんにくはみじん切りにする。

2 豚ひき肉にⒶを加えて粘りが出るまでよく練り、1の野菜も入れてさらに練ったら、最後にごま油を加えてざっくりと混ぜ、大さじ1ずつギョウザの皮で包む。

3 フライパンにサラダ油小さじ1を熱し、2のギョウザを12個ずつ並べて焼き、底に焼き色がついたら、ギョウザの3分の1の高さまで湯を注いでふたをし、蒸し焼きにする。水けがなくなったら、でき上がり。

自分で作ったギョウザは、
ひとつひとつがかわいい。

肉だんごと春雨のスープ鍋

中国料理には、「獅子頭」といって、大きく丸めた肉だんごがあります。これを、揚げて、白菜といっしょに煮込んだ鍋物がすごくおいしい。だけど、肉だんごを揚げたら、そのまま食べたくて、それをさらに料理する気力がなくなるので、肉だんごのたねを直接煮汁に入れて煮ることにしました。これを思いついたのが夏で、それでも白菜とよく合うなあと思ったけれど、冬の甘い白菜で作ったときの味は格別です。

Recipe

豚ひき肉300g　Ⓐ（塩小さじ½、こしょう少々、しょうゆ・紹興酒（しょうこうしゅ）各大さじ1、水¼カップ、卵1個）
ねぎ10cm　干ししいたけ4枚　白菜¼個
春雨40g　にんにく1かけ　しょうが2かけ
万能ねぎ、片栗粉、サラダ油、ごま油各適量
煮汁（水4カップ、顆粒鶏ガラスープの素・紹興酒各大さじ1、しょうゆ大さじ2、塩小さじ½）

丸めたたねは、必ず煮汁が煮立ったところに入れましょう。底が白くなったら、ひっくり返します。

1 ひき肉にⒶを混ぜてよく練り、ねぎ、しょうが1かけの各みじん切り、片栗粉大さじ1も加えて混ぜる。

2 干ししいたけはもどし、白菜は一口大に切る。春雨は熱湯につけてもどし、万能ねぎは5cm長さに切る。

3 中華鍋にサラダ油大さじ1を熱し、にんにくとしょうが各1かけのみじん切りを炒めたら、干ししいたけを炒め、煮汁を注ぐ。煮立ったら、1のたねを8個のだんごに丸めて加え、アクを取ったあと、15分煮る。

4 3に2の白菜、春雨を加え、5分ほど煮たら、万能ねぎ、ごま油小さじ1を加える。

寒い日は、
テーブルで煮ながら、
どうぞ。

豆とひき肉のカレー

インドのキーマカレーにひよこ豆が入ったと思ってください。市販のカレールウを使わないカレーというと、とかく、複雑な工程が思い浮かぶかもしれませんが、あちらの家庭で、毎日やっていることが、むずかしいわけがない。まして、これはカレー粉を使っているので、スパイスをブレンドするなんてこともないし、きっと、みなさんの想像の、何分の一かの手間でできると思います。なにより̣も、肉のうまみはしっかりしているのに、さらりとしていて、後味のしつこさがないところが、おいしい。ひよこ豆のぽくぽくした味わいは、ごはんよりむしろナンに合う印象です。

豆好きの友人に、
ぜひ食べさせたい。

Recipe

鶏ひき肉200g　ひよこ豆水煮250g
玉ねぎ2個（500g）　にんにく、
しょうが各1かけ　カレー粉大さじ2
赤唐辛子2本　クミンパウダー小さじ1
トマト水煮缶詰1缶　固形スープの素1個
サラダ油½カップ　塩、こしょう各適量

1 玉ねぎ、にんにく、しょうがはみじん切りにする。
2 鍋にサラダ油を熱して、にんにくとしょうがを香りよく炒め、玉ねぎを入れて15〜20分炒めたら、ひき肉を加えてほぐしながら炒める。
3 2にカレー粉、種を取った赤唐辛子を加えてさっと炒め、水2カップ、トマト水煮（缶汁も）、ひよこ豆、スープの素を加え、ふたをずらしてかけ30分ほど煮る。ときどき混ぜるとよい。仕上げに、塩、こしょうで調味し、クミンパウダーを混ぜる。

玉ねぎを20分炒めるのは、わたしだって、ツライ。だけど、この努力が、カレーの深い甘みとなって、返ってきます。がんばりましょう。

麻婆（マーボー）春雨

つねづね疑問に思っていたことですが、麻婆豆腐は、中国の四川省にルーツがあることがわかっているけれど、麻婆春雨というのも、中国にあるのでしょうか。もしかしてこれは、麻婆豆腐のおいしさに感激した日本人が、創作したオリジナル？　だとしたら、この食い意地、尊敬してしまう、なんて、いつも、麻婆春雨を作るたびに思うので、どうでもいいことだけど、つい、書いてしまいました。

Recipe

豚ひき肉150g　春雨80g　にんにく、しょうが各1かけ　ねぎ5cm
Ⓐ（豆板醤（トウバンジャン）・豆豉（トウチ）各大さじ1、甜麺醤（ティエンメンジャン）・しょうゆ各小さじ2、紹興酒（しょうこうしゅ）大さじ2）
ごま油、顆粒鶏ガラスープの素各小さじ1
サラダ油大さじ2

1 にんにく、しょうが、ねぎはみじん切りにする。春雨は熱湯に3分つけてもどす。Ⓐの豆豉は、ざっと刻み、水大さじ1をかけて電子レンジに30秒かけたあと、そのほかの材料と混ぜ合わせる。

2 中華鍋にサラダ油を熱して、にんにくとしょうがを炒め、ひき肉を入れて炒めたら、Ⓐを加えて炒める。水1カップ、スープの素を加え、煮立ったら春雨を入れて5分煮、仕上げにねぎ、ごま油をふる。

ジャージァン麺

中国の汁麺は、どうしてもスープがネックになって、うちで作ろうという気力に欠けるけれど、この汁なしのジャージァン麺なら、ちょっとお昼にでもという気になれます。あの濃厚なみそ味は、ひとえに甜麺醤(ティエンメンジァン)という中国調味料に負うところが大きいので、いろいろ試して、自分好みのおいしいものを見つけてください。

Recipe

中華蒸し麺4玉　豚ひき肉200g
ゆでたけのこ、生しいたけ各100g
ねぎ½本　甜麺醤大さじ3
Ⓐ(しょうゆ大さじ2、紹興酒(しょうこうしゅ)大さじ3、水½カップ、顆粒鶏ガラスープの素小さじ1)　片栗粉大さじ1
サラダ油大さじ2　ごま油適量

1 たけのこ、しいたけ、ねぎは粗いみじん切りにする。
2 中華鍋にサラダ油を熱し、ひき肉を入れてぽろぽろに炒めたら、甜麺醤を加えて炒め、たけのこ、しいたけも加えて炒める。
3 2にⒶを加えて調味し、水大さじ1で溶いた片栗粉でとろみをつけ、仕上げにねぎを混ぜて、ごま油大さじ1をふる。
4 麺をゆでて水にとり、ごま油少々をからめて器に盛り、3の肉みそをかける。

ミートボールの トマト煮

お子さま用ではなく、大人も納得の味にしましょう。ミートボールを焼いたあと、うんと焦げてないようなら、フライパンの油を捨て、水大さじ2を加えて煮立て、トマトソースに加えます。

Recipe

合いびき肉300g　玉ねぎ$\frac{1}{2}$個(180g)
卵(小)1個　パン粉$\frac{1}{3}$カップ
トマトケチャップ大さじ1　トマトソース(玉ねぎ$\frac{1}{4}$個、にんにく1かけ、トマト水煮缶詰1缶)　牛乳、塩、砂糖、こしょう、ナツメッグ、サラダ油、オリーブ油各適量

1 玉ねぎをみじん切りにし、サラダ油小さじ1で5分炒め、冷めたら、卵、牛乳大さじ2をかけたパン粉、ケチャップ、塩小さじ$\frac{2}{3}$、こしょう、ナツメッグ各少々とともに合いびき肉に加え、よく練り合わせて、16個のだんごに丸める。

2 トマトソースの玉ねぎとにんにくをみじん切りにし、オリーブ油大さじ2で炒めたら、トマトの水煮を缶汁ごと加える。

3 フライパンにサラダ油大さじ1を熱して、1を焼き、全体に焼き色がついたら2に加え、塩小さじ$\frac{3}{4}$をふって10分ほど煮込む。砂糖、こしょう各少々で調味する。

メンチカツ

老舗の洋食屋さんで、この道何十年というコックさんに習ったときの取材ノートを、必ず復習してから作るメンチカツです。ひき肉はよく練る、たねを1時間ねかす、衣は生パン粉がベスト、低温でじっくり揚げる、と珠玉の言葉が満載です。感謝。

牛ひき肉300gと豚ひき肉100gをブレンドするとおいしいとのアドバイスもあり。

Recipe

合いびき肉400g　玉ねぎ$\frac{1}{2}$個
パン粉$\frac{1}{2}$カップ　卵1個　サラダ油、牛乳、塩、こしょう、ナツメッグ、マスタード、小麦粉、溶き卵、パン粉、揚げ油各適量

1 玉ねぎはみじん切りにし、サラダ油小さじ1で5分炒め、冷ます。これを、牛乳大さじ2をかけたパン粉、卵、塩小さじ1弱、こしょう、ナツメッグ、マスタード各少々とともに肉に加え、粘りが出るまで2分ほど練り、冷蔵庫に1時間おく。

2 1を8等分して小判形にまとめ、小麦粉、溶き卵、霧をふいたパン粉の順につけて、150°Cの油に入れ、5分ほど揚げる。

豆腐入りつくね

いつだったか、つくねに、豆腐を加えると、量が増えて経済的ですという記事を読んだとき、なんだか一抹の哀愁を感じてしまいました。やっぱりわたしとしては、豆腐を入れるのは、さっぱりおいしく食べるためです、と言いたい（たとえ結果的に、増量されたとしても）。ただ、それだけだと、どうしてもぼんやりした味になりがちなので、みじん切りの青じそや、すりごまを加えて、風味のよさを追求しました。これなら、若い人にも喜んでもらえるのでは。しょうがじょうゆがよく合います。

Recipe

鶏ひき肉300g　木綿豆腐½丁（150g）
ねぎ1本　青じその葉10枚
Ⓐ（すりごま大さじ1、しょうゆ小さじ1、塩小さじ½、ごま油小さじ2、こしょう少々）　ごま油適量

1 豆腐はざっとほぐし、二重にした紙タオルにのせて電子レンジに2分かける。ねぎ、青じそはみじん切りにする。
2 ひき肉にⒶを混ぜてよく練ったら、1の野菜を混ぜ、豆腐も加えてざっと混ぜる。
3 2のたねを、ごま油少々をつけた手で、8つの円形にまとめ、ごま油大さじ1を熱したフライパンに入れて、両面を焼く。

豚肉ともやしの炊き込みごはん

子大豆もやしを炊き込む、というだけでも驚くのに、炊きたてに、さらににんにく風味のたれをかけて食べるごはん。シャキシャキしたもやしが混ざった薄味のごはんが、たれで、息を吹き返したように、おいしさを発揮します。初めて食べたとき、この発想は、日本にはないな、韓国料理も豊かだなあと感激しました。

Recipe

米3合　子大豆もやし200g　豚ひき肉200g　Ⓐ（ねぎのみじん切り大さじ2、おろしにんにく1かけ分、こしょう少々）　たれ（しょうゆ大さじ3強、砂糖小さじ½、ごま油小さじ1、韓国粉唐辛子小さじ2、おろしにんにく少々）　塩、こしょう、ごま油、しょうゆ各適量

1 米は炊く30分前に洗う。

2 豚ひき肉は軽く、塩、こしょうをふり、ごま油小さじ1を熱したフライパンでぽろぽろに炒める。

3 炊飯器に米を入れ、しょうゆ大さじ2、ごま油小さじ1を加えて、いつものように水加減したら、2のひき肉、もやし、Ⓐをのせ、スイッチを入れる。

4 炊き上がったら、ざっくり混ぜて器に盛り、たれをかける。

贅沢ビンボーのすすめ

From the Deli.Kitchen

『ビンボーDeli.』は、「安い」をテーマにしているから、高いものは使いません。当然、霜降り牛肉は御法度。大とろ、かに、うに、キャビア(当たり前か)、珍しい西洋野菜などの前は、さっさと通りすぎます。

だけど、ひとつだけ、「これだけはけちるな」というのがあって、それが調味料です。なかでも、しょうゆ、酒、みりん、塩は、一食抜いても、いいものを買うことをおすすめします。

こういう毎日使うものは、頻繁に購入することになるから、なるべく安いもので済ませようと思うのは、世の常。スーパーもそこらへんのことはしっかり心得ていて、毎日必ず、なにかしら安売りをしています。だから、つい、ふらふらとセールの文字に寄っていきたくなるけれど、そこはぐっとこらえて、ある程度は、品質の高いものにこだわってほしいと思うのです。

と言うと、なんだかおそろしく高級なものを使っているように聞こえるかもしれませんが、わたしが愛用しているしょうゆは、1リットル入りで1本650円のもの。わたしにとっては、けっして安いとは言えない値段だけど、それでも、一回に使うのは、せいぜい½カップ、65円ぐらいよね、なんていじましく計算をして、この味なら、ま、いいかと、納得したものなのです。

お酒もしかり。料理に使う日本酒やワインは、クッキング用ではなく本物を買うようにしています。自分がお酒が好きだから、余ったら飲めばいいやと都合のいい理屈があるせいかもしれませんが、たとえお酒が飲めなくても、ディスカウントストアで、安い日本酒が手に入るし、ワインだって、チリ産のカベルネ・ソーヴィニヨンが、700円で売っている時代。そんなに負担をかけずに調達できると思います。

だけど、どうして、そんなに調味料にこだわるのか。それは、調味料のおいしさが、料理の味を決定するのに、重要な役割を果たしていると思うから。初心者なら、なおさら、未熟な料理の腕を助けてくれるとさえ思います。

ただでさえお金がないときに、けちるなというのは矛盾しているようですが、調味料だけは、ぜひとも特別措置を講じていただきたい。投資しただけのものは、必ずおいしさとなって返ってくると思っています。

こういうのって、贅沢ビンボーとでも言うのかなあ。

手作りは世界一

Deli 5

わたしは、手作り至上主義者ではありません。
便利な食品は、どんどん利用して、ラクしたいと思っています。
だけど、これは自分で作ったほうがいいというものもあります。
その理由としては、1好きな味にしたい、2買うと高い、
3使っても劇的に簡単にならない、で、一番多いのは、1かな。

青椒肉絲（チンジャオロウスー）

わたしも、立派な(?)面倒くさがり屋だけど、青椒肉絲用に美しく細切りにされた野菜と肉がセット(合わせ調味料も含む)になって、スーパーに並んでいるのを見つけたときは、助かるなという感想を通り越して、料理研究家はもう必要ないんじゃないかと、軽く動揺しました。だけど、お店じゃないんだから、そんなにきれいに切りそろえなくてもいいのよ、ほんとは合わせ調味料って簡単なのよと、言いたくなったのも事実。で、余計なお世話かもしれませんが、青椒肉絲わたしの場合、をご紹介します。

わたしの場合の、青椒肉絲用合わせ調味料。しょうゆ、オイスターソース、紹興酒、砂糖を混ぜるだけ。分量も暗記できるほど、簡単です。

Recipe

豚もも肉250g　下味(紹興酒（しょうこうしゅ）・水各大さじ1、しょうゆ小さじ2、塩・こしょう各少々、サラダ油小さじ1、片栗粉大さじ1)　ピーマン5個
ゆでたけのこ100g　にんにく、しょうが各1かけ　Ⓐ(しょうゆ・オイスターソース・紹興酒各大さじ1、砂糖小さじ1)
サラダ油大さじ3½

1 豚肉は5cm長さの細切りにし、片栗粉を除く下味の材料をもみ込み、15分おく。炒める直前に片栗粉をまぶす。
2 ピーマン、たけのこも5cm長さの細切りにし、にんにく、しょうがはみじん切りにする。
3 中華鍋にサラダ油大さじ1を熱し、たけのことピーマンをさっと炒めて取り出す。
4 続けてサラダ油大さじ2を熱し、1の肉を入れてほぐしながら炒め、サラダ油大さじ½を足して、にんにく、しょうがを炒めたら、Ⓐを入れ、煮立ったところで、3の野菜を戻して手早く混ぜ合わせる。

少しぐらい、
太い細いがあっても大丈夫。
味で勝負、といきましょう。

えびのチリソース炒め

なんだか、青椒肉絲（チンジャオロウスー）のつぎに、えびのチリソース炒めを紹介するとなると、中華ソースを出している食品メーカーのじゃまをしているようですが、決してそんなつもりはないので念のため。ただ、こういう料理って、けっこう認知されてからの歴史が長く、あまりにもポピュラーになったために、料理雑誌で紹介されることが少なくなったんじゃないかなと思うのです。作りたいのに、作り方がわからないという人は参考に。

Recipe

無頭えび（殻つき）350g　下味（紹興酒（しょうこうしゅ）小さじ2、塩小さじ1/3、しょうが汁少々、サラダ油小さじ2）　しょうが、にんにく各1かけ　ねぎ1/2本　豆板醤（トウバンジァン）小さじ2　トマトケチャップ大さじ3　Ⓐ（しょうゆ・砂糖・紹興酒各大さじ1、塩小さじ1/4、水1/2カップ、顆粒鶏ガラスープの素小さじ1/2）　酢小さじ2　サラダ油大さじ2　塩、片栗粉各適量

1 えびは背わたを取って殻をむき、塩少々をふってもんだあと洗う。水けをふき、下味の調味料をからめる。

2 しょうが、にんにく、ねぎはみじん切りにし、Ⓐは合わせておく。

3 中華鍋にサラダ油を熱し、えびに片栗粉大さじ1をまぶして入れ、両面をさっと焼いて取り出す。

4 続けてにんにく、しょうがを炒め、豆板醤とトマトケチャップを加えて炒めたら、Ⓐを入れる。煮立ったら、えびとねぎを入れてさっと煮、同量の水で溶いた片栗粉小さじ1でとろみをつけ、仕上げに酢をかける。

冷凍えびのときは、塩か片栗粉をふり、よくもんでから洗いましょう。独特のくさみが抜けます。

ケチャップ味の甘いチリソース炒めにならないよう、豆板醤とケチャップを炒めておくのが、こつです。

大変ではあるけれど、
食べたときの満足度は大。

酢豚

中国料理店に行くと、夫はすぐ「酢豚」を注文したがります。なるべく、食べたことのない料理に挑戦したいわたしとしては、「酢豚はうちでも作れるから」と、いつも阻止するのですが、よく考えたら、滅多に作ってなかったことが判明。手間はかかるけれど、たまには家族のリクエストに応えて腕まくりというときの、究極の酢豚です。

Recipe

豚角切り肉350g　下味(しょうが汁小さじ1、しょうゆ・紹興酒(しょうこうしゅ)各大さじ1)
卵黄1個分　干ししいたけ4枚　玉ねぎ½個
ゆでたけのこ100g　ピーマン2個
赤ピーマン1個　にんにく1かけ
トマトケチャップ大さじ2　Ⓐ(砂糖大さじ4、しょうゆ大さじ2、酢大さじ3、塩小さじ½、顆粒鶏ガラスープの素小さじ½、水¾カップ)
片栗粉、サラダ油、揚げ油各適量

1 豚肉は下味の材料をからめ、15分おく。
2 干ししいたけは水につけてもどし、6つに切る。玉ねぎはくし形切り、たけのこ、2種のピーマンは一口大の角切りにする。
3 肉の汁けをきって卵黄をからめ、片栗粉大さじ3もからめて160℃の油で揚げる。
4 中華鍋にサラダ油大さじ2を熱し、2の野菜を順に加えて炒め合わせ、取り出す。
5 続けてサラダ油大さじ1でみじん切りのにんにくを炒め、ケチャップも加えて炒めたら、Ⓐを加えて煮立て、同量の水で溶いた片栗粉小さじ2でとろみをつけたあと、火を止めて3の肉と4の野菜を戻し、からめる。

おでん

いつだったか、映画館で、後ろに並んで座っていたベテラン主婦らしきおばさんたちが、「今日のごはん、どうした?」「おでんをいっぱい作ってきたから、大丈夫」と話していました。そのとき新米料理編集者だったわたしは、なるほど、おでんって、「冬に楽しむ家族団らんの鍋」だけじゃなく、そんなふうに、留守を頼むときにも便利な料理なんだ、と妙に感心したのを覚えています。そうなんですよね、おでんは温めるだけでいいし、前もって作っておいたほうが味がしみておいしい。具も、野菜あり、卵あり、こんにゃくありと、多岐にわたっているので、これ一品で栄養的にも事足ります。これからベテラン主婦になろうという人には、必修の料理です(もちろん、単身赴任のお父さんにも役に立ちます)。

Recipe

大根600g　こんにゃく1枚　ゆで卵4個
がんもどき4個　ちくわ4本
さつま揚げ2枚　ごぼう天4個
揚げボール8個　結び昆布10g
だし汁8カップ　Ⓐ(塩小さじ1〜1½、しょうゆ大さじ2、酒¼カップ、砂糖大さじ1)　米のとぎ汁適量

1 結び昆布は分量のだし汁につけて15分ほどおく。普通の昆布の場合は、2cm幅に切って、結ぶ。

2 大根は3cm厚さに切って皮をむき、米のとぎ汁で下ゆでする。竹ぐしがすっと通ればよい。こんにゃくは厚さを半分に切り、三角に切って5分ほど下ゆでする。

3 おでんのうまみと甘みの重要なパートである、練り製品。種類は、ちくわ、さつま揚げ、揚げボールなど、好みのものでかまいません。油がきついようなら、さっと熱湯を通してから使います。

4 鍋に1のだし汁と昆布、Ⓐを入れ、大根とこんにゃくを入れたら、10分ほど煮たあと、がんもどき、ちくわ、さつま揚げ、ごぼう天、揚げボール、ゆで卵を加え、ふたをずらしてかけ、弱火で1時間ほど煮る。

つみれ、じゃが芋、すじなど、
おでんの種はつきません。

いなりずし

わたしが小学生のころは(古い話ですみません)、なぜか、運動会のお弁当は、巻きずしやいなりずしが多かったように思います。今のように、家庭料理が多国籍ではなかったから、ここぞというときの日本のごちそうの代表だったのかもしれません。今は、コンビニでも売っているから、いなりずしに特別な思い入れのある人は少なくなったかもしれないけれど、わたしは今でも、「きょうはいなりずしでーす」と、3回くらい家族にふれ回ってから作ります。だから、もうすでに煮含められたいなりずしの皮が売っているのを見ると、楽しみを奪われたような寂しい気分になるのです。

Recipe

米2合　合わせ酢(酢大さじ3、
砂糖大さじ2、塩小さじ$\frac{1}{2}$)
いりごま大さじ2　油揚げ8枚
煮汁(しょうゆ大さじ4、砂糖大さじ5、
みりん・酒各大さじ2、水$1\frac{1}{2}$カップ)

1 米はすしめし用に水加減して炊く。すぐに合わせ酢をかけ、うちわなどであおぎながら冷まし、いりごまを混ぜる。

2 油揚げは上から箸を押すように転がしてから(40ページ参照)、半分に切り、袋状に開く。熱湯で1分ほどゆで、水にとって洗ったあと、両手にはさんで水けを絞る。

3 鍋に煮汁の材料を煮立てて、2の油揚げを入れ、落としぶたをして、汁けがほとんどなくなるまで、弱火で30分ほど煮含める。

4 3の油揚げの汁けを軽くきり、その煮汁を手につけながら、1のすしめしをにぎり、油揚げに詰める。

油揚げの芯まで煮汁がしみていてほしいから、さすがのわたしも油抜きは怠りません。ゆでてから、さらに水洗いすると、しっかり抜けます。

ポテトサラダ

ポテトサラダを今さらわたしごときが紹介しても、と迷ったのですが、ときどきお店で買うと、甘く感じたり、じゃが芋よりマヨネーズ味が勝っているように思えることがあるので、取り上げることにしました。ポテトサラダはなによりも、土台のじゃが芋のうまみが大切だと思う。ほんとうは丸ごとゆでるのが理想だけど、それだと時間がかかるので、4つに切ってゆでます。ただゆで汁に、じゃが芋のうまみが出てしまわないよう、ゆで汁の量は最小限にして、代わりに落としぶたをしてゆでています。このほか、熱いうちに塩味をつける、酢をふってじゃが芋の味をひきしめるといったところにも、こだわっています。

Recipe

じゃが芋5個(650g)　ゆで卵2個　ハム100g　きゅうり2本　マヨネーズ$\frac{3}{4}$〜1カップ　アップルビネガーまたは酢大さじ2　塩、こしょう各適量

1 じゃが芋は皮をむき、4つに切って、水に10分ほどさらす。

2 鍋に1のじゃが芋を入れ、ひたひたくらいまで水を加えたら、塩少々をふり、落としぶたをしてゆでる。柔らかくなったら、いったんざるに上げてゆで汁をきり、再び鍋に戻して火にかけ、鍋を揺すりながらじゃが芋の水分をとばす。

3 2のじゃが芋をつぶし、熱いうちに、塩、こしょう各少々、ビネガーをふって冷ます。

4 ゆで卵は刻み、ハムはせん切り、きゅうりは小口切りにして塩もみする。これを3に加え、マヨネーズであえる。

じゃが芋の下味は熱いうちが効果的。わたしは塩のほか、アップルビネガーをふっています。米酢でも大丈夫。

ポテトサラダの出番は多い。
朝食から毎回登場
ということもよくあります。

ツナときのこの　トマトソース

毎日のように行っているスーパーでも、ほとんどのぞかないコーナーがあって、この前久しぶりに、パスタソースの棚を見たら、「ひえーっ、いつの間に」というくらい、各社からさまざまなレトルト製品が出ていました。みんなパスタが好きなんだと実感。だけど正直言って、自分でも簡単に作れるのにと思ったものもたくさんありました(すみません)。

Recipe

マカロニ250g　ツナ缶詰、しめじ各100g
にんにく1かけ　アンチョビ2切れ
トマト水煮缶詰1缶　白ワイン$\frac{1}{3}$カップ
パセリのみじん切り大さじ2
オリーブ油大さじ3　塩適量

1 ツナは缶汁をきってざっとほぐす。しめじは根元を切って、ほぐす。にんにくはみじん切りにする。

2 鍋にオリーブ油とにんにくを入れて火にかけ、にんにくが薄く色づき始めたら、しめじを加えて強火で炒め、油が回ったら、ツナ、アンチョビ、パセリも加えてさっと炒め、白ワインを注ぐ。

3 沸騰したら、トマト水煮をつぶして加え(缶汁ごと)、塩小さじ$\frac{3}{4}$をふって10分ほど煮、ゆでたマカロニを加えてあえる。

スパゲティボンゴレ

パスタはゆでたてをソースと合わせると相場が決まっているけれど、これは、まだパスタがアルデンテよりも堅い、パキパキのときに、あさりの蒸し汁に入れて、そのおいしい汁を吸わせながら火を通す方法です。イタリア料理人の道を進んだ調理師学校の同級生仕込みです。

Recipe

スパゲティ320g　殻つきあさり750g　にんにく2かけ　赤唐辛子2本　パセリのみじん切り大さじ3　オリーブ油⅓カップ　白ワイン½カップ　塩適量

1 あさりは殻と殻をこすり合わせて洗う。にんにくはつぶし、赤唐辛子は種を取る。

2 鍋にオリーブ油とにんにくを入れてゆっくりと熱し、にんにくが色づいたら、パセリ、赤唐辛子、あさりを入れ、白ワインをかけ、ふたをして蒸し煮。

3 あさりの殻が開いたら、七分通りゆでたスパゲティを入れ、煮ながら火を通す。汁けが少なければ、スパゲティのゆで汁をたす。

あさりの蒸し汁で、少しスパゲティを煮ると美味。

数年前、新婚の若い女性をまじえて料理の話をしていたとき、その女性が、「カルボナーラっておいしいですよね」と言うものだから、そうか、やっぱりあの味は人気があるんだなあとすっかりうれしくなって、で、どういうふうに作るのと聞いたら、明るくきっぱりと「レトルトソースを使います」と答えたので、ア然としたことがありました。

これは最近聞いた話だけど、近頃の若い人は、たとえ「青椒肉絲（チンジャオロウスー）」のレトルトソースを使っても、自分で作れ

「便利」の行く末は？

From the Deli.Kitchen

ば、もうその青椒肉絲は手作りだと考えるのだとか。ある大学の先生が、「いずれ、家庭で料理を作る人は、ヘリコプターの操縦免許を持っている人と同じくらい、珍しくなるでしょう」と予言したと聞いたときは、またまたご冗談をと思ったけれど、うーん、3パーセントくらいは当たっているかも、日本のごはんの未来は大丈夫だろうかと、結構本気で心配したのでした。

じゃあ、かく言うわたしが、市販の便利食品をまったく使わないかというとそうではありません。今日は原稿がたまっているなというときは、お昼にキッチンに立つ時間がなくて、鍋ひとつでOKの冷凍チャンポンで済ませることもあるし、夜8時近くに帰って、子どもから「おなかすいた」と言われたときは、レトルトカレーに頼ることだってあるから、全面的に市販品を否定するつもりはありません。

だけど、もし、これから料理を作っていこうという若い人たちにとって、カルボナーラのお手本が、レトルトソースの味になるとしたら、ちょっと待ったと言いたいのです。

使ってもいいけれど、少なくとも、今自分はレトルトを使っているのだ、と自覚していてほしい。そしてせめて、手作りの味がどういうものかは知っていてほしい。カルボナーラも青椒肉絲も、初心者でも比較的簡単に作れる料理だけに、なおさらそう思います。

次々に新しい「お手軽」が生み出されるのはいいけれど、別の面で、新しい困難も生じているような気がします。レトルトソース、冷凍食品と、作り手の手間をどんどん省いた食品が出て、世の中が便利になるのは、しかたのないことだけど、こんなにも若い人がお手軽、便利の方向に走ってしまうのは、「家庭料理には簡単でおいしいものがたくさんあって、自分で料理を作るのは楽しい」ということを、もっと具体的に伝えてこなかった料理マスコミにも責任の一端があるなあと、この世界に携わるものとして反省するのです。

ビンボーだって
フレンチできる

Deli 6

お金がないから、フランス料理なんてできないと、
あきらめてはいけません。なにも、フォワグラ、キャビアばかりが
フレンチの材料じゃなし。あなたのすぐそばにある、
かぼちゃやいわしだって、その気になれば、
立派にフレンチできるのです。

かぼちゃのムース

ヨーロッパで肉事情が厳しくなって以来、野菜が急速に注目されていて、あちらでも日本でも、プロ・アマ問わず、このところずいぶん、ベジタブルメニューの元気がいいようです。その流行に、即、のるのは、我ながらお調子者だと思うけれど、野菜のムースは、その野菜の特徴がストレートに生かされた、いい料理だと思います。トマト、にんじんと、ムースに合う野菜はいろいろありますが、わたしが凝っているのが、かぼちゃ。鮮やかな黄色に仕上がるのが、なぜかうれしくて、栄養もありそうで、好きです。このまま前菜として食べてもいいけれど、つけ合わせにしても、彩りがよく、主役を引き立ててくれます。

Recipe

かぼちゃ(わたを取って)300g　トマトペースト大さじ1　砂糖小さじ1　バター大さじ2　生クリーム1パック　塩適量

1 かぼちゃはスプーンでわたと種をすくい取り、皮をむく。まな板の上にのせて固定させ、皮を削るように少しずつむくとよい。これを5mm厚さに切る。

2 鍋にバターを溶かし、1のかぼちゃを焦がさないように炒め、バターが回ったら、トマトペーストを入れてからめながら炒める。砂糖、塩少々、水$\frac{1}{2}$カップを加え、ふたをして5分蒸し煮する。

3 2をフードプロセッサーにかけ(つぶしてもよい)、冷めたら、七分立てにした生クリームと混ぜ合わせ、塩で味を調える。

生クリームは、七分立てにしておきます。かぼちゃのピューレと混ぜている間にも泡立つので、最初はゆるめにしておくのがこつです。

一人分ずつ皿に盛って、
生クリームを添えれば、
立派なオードブルになります。

安くておいしいワインも
見つけておきましょう。

サーモンマリネ
サラダ仕立て

スモークサーモンも、大皿に薄切りをずらりと並べるとなると、予算的にオーバーになりますが、手頃な大きさのパック入りを、ちょっとオリーブ油でマリネして、野菜と合わせたサラダ仕立てにすると、レストランに負けないような、しゃれたオードブルになります。野菜の組み合わせは、そのときの値段と相談して、すべて同じでなくても大丈夫。だけど、こういう料理をそれなりに見せるこつは、決め手となる調味料をけちらないことです。オリーブ油、ワイン酢、または香草の、どれかひとつでもいいから、ちゃんとしたものを使うと、フレンチらしい雰囲気が出ます。

Recipe

スモークサーモン100g　EXオリーブ油大さじ1　ベルギーチコリ1個
トマト2個　さやいんげん100g
マスタードグリーン½個
ドレッシング（レモン汁・ワイン酢各大さじ1、サラダ油・EXオリーブ油各大さじ2、塩・こしょう各少々）　塩適量

1. スモークサーモンはオリーブ油をからめ、あれば刻んだディル1本分を散らす。
2. チコリは斜め半分に切り、トマトは一口大に切る。さやいんげんは塩ゆでして、4cm長さに切る。マスタードグリーンはちぎる。
3. 器に1と2を盛り合わせ、合わせたドレッシングをかける。好みでレモンを添える。

ゆでえびの
オランデーズソース

オランデーズソースは、フランス料理の古典的なソースのひとつ。そんな古いものをなんでいまさらと言われそうですが、実はこれが、いかめしい名前のわりには、卵黄とバターだけで作る、シンプルなソースなのです。でき上がりは、そう、ふわっとした温かいマヨネーズを想像してくだされば、いちばん近いと思う。これを、ゆでた野菜や魚にかけると、これぞまさしくフランス料理、という味わいになります。で、この味と作る手間を秤にかけると、フレンチのソースを作ったという満足感が圧倒的に大きくて、とてもお得な気がするのです。

Recipe

殻つきえび16尾　グリーンアスパラガス2束　ソース（卵黄2個分、バター100g）レモン½個　塩、こしょう各適量

1 えびは背わたを抜き、塩少々をふってもんだあと洗い、塩ゆでして殻をむく。

2 アスパラガスは根元を2cm落とし、下のほうの皮を薄くむいて塩ゆでし、塩、こしょう。

3 ソースのバターはラップをして電子レンジに2分ほどかけ、しばらくおいて澄ましバターを作る。上の白い泡は取り除いておく。

4 ボウルに卵黄と水大さじ2を入れ、湯せんにかけながら泡立てていく。途中で水大さじ1を加え、全体がふわっとして、線が残るくらいになったら、湯せんをはずし、3の温かい澄ましバターを少しずつ、糸をひくように加えながら泡立て器で混ぜ合わせる。塩、こしょう、レモン汁で味を調え、すぐに、盛り合わせた1と2にかける。

卵黄に水を加え、湯せんにかけながら泡立てていきます。5分ほどすると、とろりとして線が残る状態に。

バターを電子レンジにかけて溶かし、しばらくおいて澄ましバターを作ります。下に白く沈んだのは乳漿です。

チキンソテー
ハーブレンズ豆

フランス料理というと、どうしても花形は、なんとかソースになりがちです。だけど、調理師学校に通っていたとき、ソースのほうは、よっぽど簡単なものじゃない限り、プロにおまかせしたいと思いました。それよりも、ソースをかける前の、ただ単に、塩、こしょうをふってソテーしただけの肉のおいしさに感動。塩味のつけ具合、香ばしい焼き方と、プロの技を通すと、これだけで、ちゃんとしたひとつの料理になることがわかりました。たかが、チキンソテーとあなどることなかれ。

香草をからめた、温かいレンズ豆のサラダを添えると、フランスの片田舎のビストロで食べているような気になります。

皮がカリッと焼けるまで、ひっくり返すのは、がまんがまん。もも肉は火が通るまで、6〜7分かかります。

日頃は、豆も水煮缶詰に頼っていますが、レンズ豆だけは別。乾燥でも15分で煮えるので、気軽に使えます。300gで300円程度です。

Recipe

鶏もも肉2枚(600g)　レンズ豆150g
にんにく½かけ　香菜（シャンツァイ）、パセリ
(ともにみじん切り)、サラダ油各大さじ2
オリーブ油大さじ3　塩、こしょう各適量

1 鍋にレンズ豆を入れ、あれば、にんじんや玉ねぎの切れ端も加え、塩少々、かぶるくらいの水を加えて15分ほどゆでる。ゆですぎないこと。柔らかくなったら、ゆで汁をきって水洗いし、野菜を除く。

2 鶏肉は両面に塩、こしょうをふる。フライパンにサラダ油を熱し、鶏肉を皮のほうから入れて香ばしく焼き、返して裏も焼く。

3 鍋に1のゆでたレンズ豆を入れ、オリーブ油、おろしたにんにく、水大さじ1、みじん切りの香菜とパセリを加えて2〜3分温めたら、皿に盛り、2の鶏肉をのせる。

いわしのガレット

丸くて平らなお菓子をガレットといいます。これは、いわしを重ねて、同じような形に焼いた料理。18年前、東京のフランス料理店で食べて、こんなに気取ってない、わかりやすいおいしさの料理もあるんだと、思いました(なにせ当時は、フランス料理なんてあまり食べたことがなかったので)。にんにく、パセリ、パン粉を散らして作る、いわしの香草パン粉焼きも、材料としては同じですが、いわしが重なるだけで、「仕事のしてある」料理に見えるから不思議。オーブンに入れられる鍋がないときは、耐熱容器で作ってもかまいません。

Recipe

いわし8尾　にんにく2かけ　パン粉50g
パセリのみじん切り大さじ2　バター30g
オリーブ油大さじ1　レモン、塩、
こしょう各適量

1 いわしは三枚におろし、軽く塩、こしょうをふる。にんにくはみじん切りにする。

2 鍋の底にオリーブ油をひき、いわしの¼量を皮を上にして並べ、にんにく、パン粉、パセリの¼量を散らす。これを繰り返して4段に重ね、上にパン粉とにんにくを散らしたら(最後のパセリは残しておく)、バターをちぎってのせる。

3 2を強火にかけて3分ほど焼き(耐熱容器で作るときは、これは省略する)、200℃のオーブンに入れて30分焼く。皿にひっくり返して取り出し、残りのパセリをふる。レモンをかけて食べる。

いわしを何段に重ねるかは、鍋の大きさに合わせて、増減してください。小さいいわしなら、放射状に並べると、より本格的なガレットに。

ケーキのように、
ナイフで切り分ける
瞬間はわくわくします。

鶏レバーのクリームソース

この章のタイトル「ビンボーだってフレンチできる」のイメージに一番近いのが、これかな。日本では、レバーというと、煙が立ちこめるガード下の焼きとり屋さんを想像してしまうけど、フランスやイタリアではレストランのメニューの一翼を担う素材。街の小さなビストロでも、おいしいレバー料理を作ってくれるし、家庭でも、料理上手のおかあさんたちは、大いに利用して、こんな鶏レバーのクリームソースを作ります。わたしがこの料理を大好きなのは、レモン風味のクリームソースの味もさることながら、いかにもフレンチを作っているという気分が味わえるから。毎日のごはん作りという日常をほんの一瞬離れて、なんだかおしゃれなことをしたような、幸せな気持ちになれるのです。

Recipe

鶏レバー300g　玉ねぎ½個
にんにく1かけ　レモン汁½個分
白ワイン¼カップ　生クリーム1カップ
バター大さじ2　サラダ油大さじ½
牛乳、塩、こしょう各適量

1 鶏レバーは余分な脂肪などを取り除いたあと、2つに切り、ひたひたの牛乳につけてくさみを抜く。15分ほどしたら、水けをふき、塩、こしょうをふる。
2 玉ねぎは薄切り、にんにくはみじん切りにする。
3 フライパンにサラダ油を熱し、鶏レバーを入れて、両面を香ばしく焼きつけ、取り出す。フライパンに残った油は捨てる。

4 続けて、バターを熱し、2の玉ねぎとにんにくを入れ、フライパンについたレバーのうまみをこそげ取るようにして5分ほど炒めたら、レバーを戻し、白ワインを注いで、強火で煮詰める。

5 4に生クリームを加え、1〜2分煮たら、塩、こしょうで味を調え、仕上げにレモン汁を加えて味をひきしめる。

バターライスを添えれば、
立派なフレンチメニューです。

トマトのプロヴァンス風

にんにくの風味を加えて、トマトをオリーブ油でじっくり焼き、とろっとくずれるくらい柔らかくなったところを食べるもの。こういう大らかな料理を見ると、プロヴァンスのマルシェに、山のように積まれた真っ赤な甘いトマトと、それを買っていくフランスのおかあさんたちの姿が目に浮かぶようです。熱いところを、焼いたときに出るジュースといっしょにパンにつけて食べると、白ワインがほしくなる(のはわたしだけ?)。いわしのガレット(96ページ)とは、最初からセットのように、よく合います。

Recipe

完熟トマト4個　にんにく1かけ
パセリのみじん切り大さじ2　砂糖
小さじ1　オリーブ油、塩各適量

1 トマトは横半分に切って種を取り出し、切り口を下にしてバットに並べておく。にんにくはみじん切りにする。

2 フライパンにオリーブ油大さじ2を熱し、トマトの切り口を下にして入れ、弱火でゆっくりと5分ほど焼いたら、裏返す。トマトに、塩少々、砂糖をふり、まわりににんにくを散らして、オリーブ油大さじ1をかけ、もう4、5分焼き、パセリを散らす。

かぶのスープ

しっかりかぶの味のするスープにするのが目標。少ないスープで蒸し煮し、かぶの風味の濃縮版みたいなピューレを作ってから、好みの味に牛乳でのばします。

Recipe

かぶ(葉を落として)350〜400g
玉ねぎ½個　スープ(スープの素などを薄めに溶く)1カップ　小麦粉大さじ1
バター大さじ2　牛乳、塩各適量

1 かぶは皮つきのまま縦半分に切り、5mm厚さの薄切りにする。玉ねぎも薄切りにする。

2 鍋にバターを溶かし、玉ねぎを入れて焦がさないように5分炒める。小麦粉を入れて炒め、スープを加えてよく溶かし、煮立ったら、火を弱めて約3分煮る。

3 1のかぶを加えてひと混ぜし、ふたをして10分蒸し煮する。ときどき混ぜるとよい。かぶが柔らかくなったら、粗熱を取って、ミキサーにかけ、好みの濃さになるよう牛乳を加え、塩で調味する。

かぶの繊細な風味を大切にしたいから蒸し煮にします。

赤ワインのグラニテ

　これはもう、はじめにあやまっておきます。お酒の弱い人は、酔ってしまうと思います。「でもグラニテって、シャーベットみたいなものでしょう」と、たかをくくっている人もご注意ください。これだけおどしておけば、大丈夫だと思いますが、このグラニテは必要以上に、ワインのアルコール分を抜いていません。だって、赤ワインのグラニテだもの、赤ワインの風味を生かさずしてなんとしょう。ちょっとサングリアのような、甘い香りが口に広がって、うん、大人のグラニテだと、ほくそ笑んでます。

Recipe

赤ワイン(好みのもの)2カップ
オレンジジュース$\frac{1}{4}$カップ
砂糖130g　レモン汁少々

1 シロップを作る。鍋に湯$\frac{1}{2}$カップを沸かして砂糖を入れ、溶けたら火を止めて、冷ます。

2 ボウルに赤ワイン、オレンジジュースを混ぜ、1のシロップ$\frac{1}{2}$カップ、レモン汁も加えたら、ラップをしないで1時間ほどおいたあと、製氷皿に入れ、冷凍庫で冷やす。固まったら、フードプロセッサーにかけてなめらかにしてから、金属製の容器に移し、冷凍庫で保存する。

ミアス

13年前、フランスから帰国後間もないお菓子のシェフに出会いました。フランス菓子を心から愛していて、地方には、いろいろなお菓子があるんですよという言葉が印象的でした。その彼の本で見つけた、フランスに古くから伝わるお菓子です。少しアレンジしましたが、プディングのような素朴な生地の風味が新鮮です。

Recipe

卵(小)3個　砂糖130g　薄力粉50g
オレンジの皮(おろす)½個分
牛乳1¼カップ　塩、バター各適量

1. 容量が1ℓぐらいの耐熱容器を用意し、バターをぬる。薄力粉はふるう。
2. ボウルに卵を入れ、砂糖を加えて、ふわりと白っぽくなるまで泡立て器で泡立てる。粉を加え、今度はへらで混ぜたら、オレンジの皮も加えて混ぜ合わせる。
3. 鍋に牛乳、バター15g、塩少々を入れて沸騰させ、2に加えて混ぜたら、1の容器に流し入れ、180℃のオーブンで35〜40分焼く。

一昨年と今年の2回、ロンドンに遊びに行きました。ふらりと入ったカフェで、大好きな「エッグベネディクト」(マフィンの上に、ハムとポーチドエッグをのせ、オランデーズソースをかけたもの)が、ロンドンっ子に愛されているのを発見したり、地元で人気のベジタリアン・デリに行き、「しょうが風味の豆腐入り野菜炒め」に、むむっ、意外にいけると思ったり。たかが数日食べ回っただけでも、イギリスにもおいしいものがあるなあと実感できました。

おしゃれの落とし穴

From the Deli.Kitchen

だから、某有名フレンチシェフがプロデュースする、今最もトレンディと評判のレストランに食事に行ったときは、正直言って、がっかりしました。長いカウンターに集う、ファッショナブルな人々、壁もテーブルも椅子もすべて白で統一されたミニマリスムの象徴のようなインテリア、ひょっとしたら、サービスをするウエイターもデザインされたのかしらと思うほどハンサムぞろいで、最初は喜んでいたのですが、一皿、二皿と料理が運ばれてくるにつれ、それも失望に変わりました。だって、斬新な味の創造、盛りつけのデザイン性を追求するあまり、肝心の料理の味がお留守になっているのです。たとえば、わたしが最初に注文したセビーチェ。これは、生の魚介をたっぷりのライム汁でマリネした、ペルー料理の傑作。のはずなのに、出てきたのは、流行の「ZEN(最近欧米で流行中の日本・アジアンスタイル)」を意識した白く細長い皿に、まるで子どもが石を並べたかのように、ポツリポツリと置かれた刺し身が5切れ。その横には、ケッパーとオイルたっぷりのドレッシングがれんげに入ってのせられ、皿の片隅には、薬味として、ゆで卵の黄身と白身が縞模様となって、飾られているものでした。そこには、刺し身にもなれず、マリネにもなれなかった、かわいそうな魚の切り身があるだけ。

よその国の料理をアレンジすること自体は、別に悪いことではないけれど、料理のエッセンスをしっかりつかんでいなければ、こういう味を目指しましたという作り手の意図がわからない料理になってしまう。そしてそれ以上に、わたしが軽く逆上したのは、料理が、その白いインテリアと同じように、単に「おしゃれであること」を演出するための道具になっているように思えたから。要するに、愛がないんですよね。子どもの頃、「食べ物で遊んではいけません」と叱られたけど、料理は食べて喜んでもらって初めて、料理。その原点を忘れてはいけないと思うのです。

おなかいっぱい食べたい

Deli 7

ここでは、一品で、おなかがいっぱいになるような、
食べごたえのある料理を集めました。というと、質より量なのね
と思われるかもしれませんが、まずいものをたくさん食べても、
哀しい。やっぱりわたしとしては、質にもこだわりたい、
ちょっとおしゃれなところも残しておきたいと思うのです。

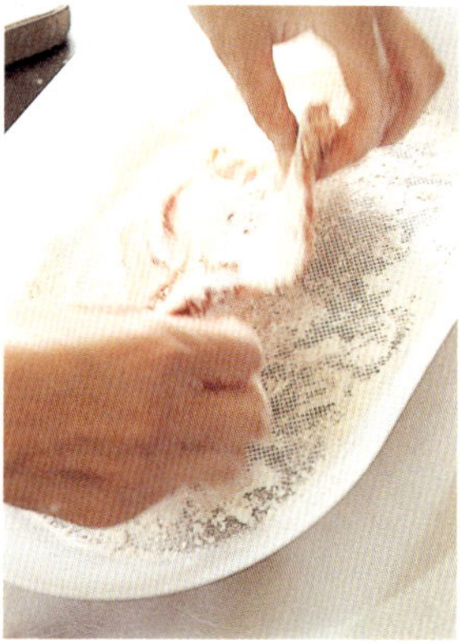

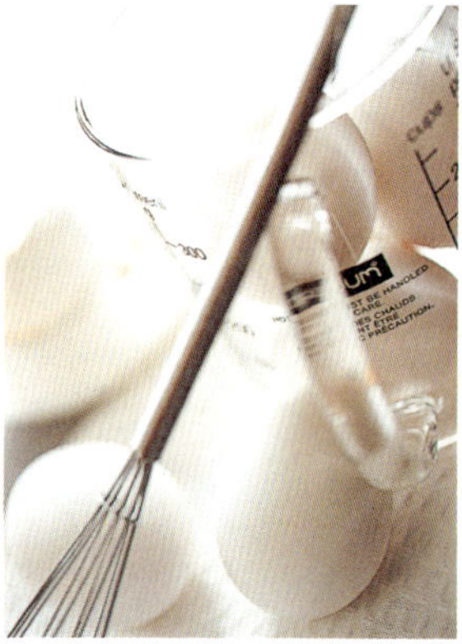

ソース紙かつ丼

独身OLだったころ、「セントバーナード(犬)のような人と、結婚したい」と言って、友人をびっくりさせたことがありました。なにせ、料理好きだったから、作ったものを、おいしいおいしいと食べてくれる人がいいなと、本気で思っていました。現実は少し違ったけれど、この、豚肉を涙ぐましいまでに薄くのばした紙かつ丼を、うれしそうにほおばる「B級グルメ」の夫を持つことができて、わたしは幸せものです。

どうも、揚げ物好きにとって、豚かつの魅力は肉だけではないらしく、まわりのカリカリとした香ばしい衣も、重要らしい。肉をたたいて広げると、その衣の部分も必然的に広がるから、おいしさが増えるというわけです。ならば、わたしもプロのはしくれ(?)、ただ、豚かつソースをかけただけじゃ、能がないので、市販のソースをブレンドし、溶きがらしを混ぜて対抗してみました。

Recipe

豚ロース肉豚かつ用4枚　キャベツ4枚
ソース(ウスターソース¼カップ、
豚かつソース大さじ2、溶きがらし
小さじ1〜2)　塩、こしょう、小麦粉、
溶き卵、生パン粉、揚げ油、ごはん各適量

1 豚肉は、肉たたきまたはコップの底などで、なるべく薄くのばし、塩、こしょうをふったあと、小麦粉、溶き卵、生パン粉とつけ、170°Cの油で揚げる。

2 器にごはんを盛って、せん切りのキャベツを広げる。熱いうちに1のかつをのせ、合わせたソースをかける。

カリッと揚がった衣が命。生パン粉がないときは、
乾燥パン粉に霧をふいてやってみて。

中華丼

　わたしは、この中華丼を作るときは、献立が思い浮かびません。もう、肉も野菜もいろいろ入っているから、ほかに副菜はいらないと思うのです。どちらかというと、野菜不足になりがちな丼物のなかにあって、中華丼だけは栄養面でも二重丸。だから、少々あんとのバランスが悪くなろうと、ここぞとばかり野菜を結集して作ります。

自作なら、野菜いっぱいの
中華丼にできます。

Recipe

豚薄切り肉200g　下味(塩・こしょう各少々、酒小さじ1)　白菜200g
生しいたけ、ゆでたけのこ各100g
にんじん50g　ねぎ1本　絹さや12枚
しょうが1かけ　Ⓐ(水2カップ、
顆粒鶏ガラスープの素小さじ1½、
砂糖小さじ2、しょうゆ・塩各小さじ1、
こしょう少々)　サラダ油、酒各大さじ2
ごま油小さじ1　片栗粉大さじ1
ごはん適量

1. 豚肉は下味の材料をからめる。
2. 白菜は一口大のそぎ切り、生しいたけは軸を切って半分に切り、たけのこ、にんじんは短冊切りにする。ねぎは斜め切りに。
3. 中華鍋にサラダ油を熱してしょうがのせん切りを炒め、豚肉を炒めたら、にんじん、しいたけ、たけのこ、白菜、ねぎ、絹さやの順に加えて炒め合わせ、酒をふったあと、Ⓐを加えて2分ほど煮る。
4. 水大さじ2で溶いた片栗粉を加えてとろみをつけ、ごま油をふってごはんにかける。

中華丼は、いろんな野菜が入るから、うれしい。野菜不足が続いたとき、一気に罪滅ぼしができそうな気が。

このほか、時間と予算に余裕のあるときの具としては、えび、いか、きくらげなども、おすすめです。

カレーチキンピラフ

「ピラフが炊飯器で炊けたら、ラクよね」というまわりの声に応えて奮起、したまではよかったのですが、道のりは厳しかった。鶏肉が小さくころころと入っているのが嫌で、できるだけ大きなまま炊き上げたいものだから、何度やっても、ごはんに芯ができて失敗。「もう、鍋で炊いたら」という周囲の忠告も聞かず、最後は意地になって、炊飯器の目盛りを無視し、水をどっと加えて炊いたら、上手にできました。さすがに、家族に5日連続で食べさせるのは悪くて、近所に住む友人におすそ分けしたら、えらく気に入ってくれて、ほっとしました。

Recipe

鶏もも肉400g　Ⓐ（塩小さじ½、こしょう少々、カレー粉小さじ½）
米2合　玉ねぎ¼個（100g）
にんにく1かけ　Ⓑ（野菜ジュース〈190g〉1缶、水1カップ、固形スープの素½個、白ワイン大さじ3、カレー粉大さじ1、塩小さじ1、バター大さじ2）
サラダ油大さじ1½

1 米は炊く30分前に洗ってざるに上げる。玉ねぎ、にんにくはみじん切りにする。
2 鶏肉は5cm角に切り、Ⓐをすり込む。
3 鍋にサラダ油大さじ1を熱し、2の鶏肉を皮のほうから入れて、両面を香ばしく焼きつけ、取り出す。油を捨てて残りのサラダ油を熱し、にんにく、玉ねぎを3分炒める。
4 炊飯器に1の米を入れ、Ⓑをすべて加えたら、3の鶏肉とにんにく、玉ねぎをのせ、スイッチを入れて炊く。

大きく切って炊き込むから、肉にきちっと下味がついていないと、炊き上がったときにおいしくありません。

ごろんと
大きな鶏肉が入った
ピラフが作りたくて。

づけ丼

お寿司屋さんで、まぐろを翌日に持ち越す方法として生まれた「づけ」。中とろがおいしい、いやいや、本来は脂肪の少ない赤身のまぐろで作るものと、諸説ありますが、うちでは、冷凍物の安価なまぐろでもおいしく食べられる方法として、ありがたく使わせてもらっています。まぐろを切るだけと簡単なぶん、たれの酒とみりんはひと手間かけて煮きり、アルコール分をとばしました。たれもいっしょにごはんにかけるようなときは、まろやかになるし、子どもにも安心して食べさせられます。

Recipe

まぐろ刺身用350g　たれ（しょうゆ¼カップ、酒大さじ2、みりん大さじ1）
青じその葉10枚　ごま、のり、
おろしわさび、ごはん各適量

1 小鍋にたれの酒とみりんを入れ、2分ほど煮立ててアルコール分をとばしたら、冷まして、しょうゆと混ぜ合わせる。

2 まぐろは7mm厚さに切って、1のたれに30分ほど漬ける。

3 器にごはんを盛り、細切りののりを広げたら、2のまぐろをのせ、ごまを散らして、青じそのせん切りをのせる。おろしわさびを添え、2の漬け汁をかける。

ハム入りドリア

ホワイトソースは柔らかく作り、全部をごはんの上にかけるのではなく、半量をごはんにからめてから焼くと、ソースとごはんがなじんでおいしくなります。

Recipe

ごはん600g ハム150g　玉ねぎ（みじん切り）1個　ピーマン2個
ホワイトソース（バター・小麦粉各40g、牛乳4カップ）　ナチュラルチーズ100g
白ワイン大さじ1
バター、塩、こしょう、ナツメッグ、サラダ油各適量

1 ホワイトソースを作る。バターを溶かし、小麦粉を入れてさらさらと流れるくらいまで炒めたら、鍋底を水につけて冷やす。ここに熱い牛乳を注いで混ぜながら煮、塩小さじ1 1/3、こしょう・ナツメッグ各少々で調味する。

2 サラダ油大さじ1/2で玉ねぎを炒め、ハムの細切り、1cm角切りのピーマンも加えてさっと炒め合わせ、白ワインをふる。

3 ごはんを電子レンジで温め、熱いうちにバター大さじ2と2の具を混ぜ、塩、こしょうをふって、ホワイトソースの半量を混ぜる。バターを塗った耐熱容器に入れ、残りのホワイトソース、おろしたチーズを広げて250°Cのオーブンで15分焼く。

排骨麺（パイグウーミエン）

香港で初めて食べたとき、揚げた肉がどかんとラーメンにのっているのが、豪勢な気がして、家族じゅうでファンになりました。排骨麺というには、ほんとうは、スペアリブでなくてはいけませんが、最初に親しんだ名前が捨てがたく、あえて、そのまま使うことにしました。

Recipe

豚ロース肉（豚かつ用）4枚
下味（しょうゆ・紹興酒（しょうこうしゅ）各大さじ1、砂糖小さじ½、ごま油小さじ1、塩・こしょう各少々、卵1個、にんにく・しょうが各1かけ）　片栗粉大さじ5
揚げ油適量　市販の即席ラーメン（生めんタイプ）4人分　青梗菜（チンゲンツァイ）2株

1 下味のにんにくはおろし、しょうがは絞り汁にする。ほかの材料と合わせ、豚肉を20分漬ける。

2 1に片栗粉を入れてからめ、170℃の油で香ばしく揚げる。

3 袋の表示通りにラーメンを作り、2をのせて、ゆでた青梗菜をのせる。

下味の卵はよく溶いてから、肉を加えて漬けます。

韓国風力うどん

キムチの風味を利用したつゆがおいしい、野菜がたくさん食べられる、ごま油で焼いたもちが香ばしいと、韓国のチゲのいいところをいただいて、力うどんを作りました。材料にわざわざ冷凍うどんと書いたのは、あのしこしことした歯ざわりに感心しているから。ゆでうどんだと心もとないし、乾麺では面倒くさい。あなたあっての、韓国風力うどんです。

Recipe

冷凍うどん4玉　豚バラ薄切り肉200g
白菜キムチ200g　もやし½袋
万能ねぎ½束　もち4個
つゆ（だし汁6カップ、しょうゆ大さじ2、酒大さじ1、砂糖大さじ½、塩小さじ1、おろしにんにく1かけ分、コチュジャン大さじ2）　ごま油適量

1 豚肉は2cm幅に切る。もちはごま油少々をひいたフライパンで、両面を香ばしく焼く。

2 鍋にごま油大さじ２を熱して豚肉を炒め、色が変わったら、軽く汁けをきったキムチを加えて炒め、つゆの材料を注ぐ。煮立ったら、凍ったままの冷凍うどん、もやしを入れて煮、再び煮立ったら、1のもちを入れてさっと煮る。万能ねぎの小口切りを散らす。

かつおごはん

郷土料理の本を見るのが好きです。行ったことがないところがほとんどだけど、その土地でとれる素材と、密接に結びついて生まれた料理は、説得力があって、ほんとうにおいしそう。これは和歌山の料理で、かつおを炊き込んだごはん。とれたてのかつおあってのもの、東京では全く同じとはいかないだろうけれど、いかにもおいしそうで挑戦してみました。手水がわりにしょうゆをつけておにぎりを作り、それを焼いて食べるとよい、とあるのも、食べてみたい、作ってみたいという誘惑が断ちがたかった理由です。

Recipe

米3合　かつお(刺し身用)250g
干ししいたけ4枚　しょうが1かけ
だし汁適量 Ⓐ(しょうゆ・酒各大さじ3)

1 かつおは1.5cm角に切り、Ⓐに漬けて30分おく。

2 米は炊く30分前に洗ってざるに上げる。干ししいたけはもどし、軸を切って細切り、しょうがはせん切りにする。

3 炊飯器に2の米を入れ、1の漬け汁とだし汁を合わせたものを、通常の目盛りまで注いだら、1のかつお、干ししいたけ、しょうがをのせ、スイッチを入れる。炊き上がったら、全体を混ぜる。

芋の子汁

母が祖母から習ったという汁物。肉はなく、入っている材料も素朴でしゃれたものは全くありません。だけど、里芋を沸騰しただしで煮てぬめりを出さないようにするなど、根菜を日常的に使っていたころの知恵のようなものを感じて、忘れずに残しておきたいと思いました。

Recipe

里芋4個　ごぼう1本　油揚げ1枚　ねぎ1本
豆腐½丁　だし汁6カップ　みそ100g

1 里芋は皮をむいて5mm厚さの輪切りにし、水にさらす。

2 ごぼうは洗い、縦半分に切ったあと、斜め薄切りにし、10分ほど水にさらす。

3 鍋にだし汁とごぼうを入れて火にかけ、煮立ったら、1の里芋を加えて煮る。里芋に火が通ったら、1.5cm角に切った豆腐と細切りの油揚げ、1cm長さのぶつ切りにしたねぎを入れてひと煮する。煮汁少々でみそを溶いて入れ、さっと煮る。好みで、七味唐辛子をふる。

里芋は下ゆでなし。沸騰しただし汁で直接煮ます。

ウチの日本人

From the Deli.Kitchen

世の中には、女房の作るフランス料理をこよなく愛し、イタリア料理などあまたの西洋料理にも深い理解を示す、料理研究家にとっては、まさに理想とも言うべきご主人に恵まれた人も多いと思いますが、ウチの場合は、それとは著しく異なります。

なにせ、海外に出かけると(特にヨーロッパやアメリカ方面)、わたしが喜び勇んで現地のレストランやビストロを回るのに、付き合いはするものの、たいてい2日目を過ぎるあたりから、遠くを見ながら「ラーメンが食べたいなあ」と、ポツリとつぶやくようになります。

毎日のごはんも、わたしの仕事上、フランス料理やイタリア料理を試作することも多いわけで、「今日のごはん何？」と子どもといっしょに聞きに来て、横文字の料理名を告げられたときの落胆ぶりは、口にこそ出さないけれど、気の毒のひと言。つい、「オジサン、最後にごはんと塩辛、サービスするから」と、余計なことを言いたくなるのです。

本人に言わせると、フランス料理もイタリア料理も、「味はわかる」らしいのですが、「どうしても、魂が揺さぶられない」のだとか。骨の髄まで、哀しいくらい日本人なんですよね。

そんな「日本人度」の高い夫が、この本の試作のときは、様子が違いました。ソース紙かつ丼をはじめ、酢豚、ギョウザ、東坡肉（トンポーロウ）、サムギョプサル、排骨麵（パイグウーミエン）と、これでもかというくらい続く好物の連打に、うれしさを隠しきれない様子。途中、ゆでえびのオランデーズソースあたりで、一瞬ひるんだものの叉焼（チャーシュウ）を見るや、たちまち、もとの嬉々とした状態に戻ったのでした。

夫が、つつがなく試食を終えられたのは、今回は、和食のほか、中国、韓国、タイあたりの料理もいろいろあったから。そこには、白いごはんに合うという最強最大の共通点があって、心も体も、「食べたあ」という満足感に、しみじみと浸れるものだったのです。

というわけで、もし、あなたの家族やまわりの友人に、ウチの夫のような平均的日本人がいるとしたら、わが家での実験結果をご覧いただいてもわかるように、必ずやこの本がお役に立てると思います。これからそういう男性(女性は、不思議とこういう傾向が少ないんですよね)と結婚しようという人も、そういうお父さんに元気で働いてもらいたいと願う人も、ぜひ、『ビンボーDeli.』の料理を活用してください。

アジアンごはんの底力

Deli 8

料理の世界にも流行があって、いきなり、なんにも知らない国の
食べ物が、ブームになっては消えていったりします。そんななか、
中国、韓国、タイといったアジアの国の料理は、
親しみやすく、直接わたしたちの胃袋に訴える感じ。
毎日のごはんにすんなり溶け込む底力を持っていると思うのです。

叉焼（チャーシュウ）

その昔、夫が「チャーシュウ、作って」と言うので、せっせと、鍋で煮る焼き豚を作ってあげたら、「これは、チャーシュウではない」と言い放ちました。ラーメンにのっているチャーシュウと同じじゃないかと思ったけれど、初めて横浜の中華街に行って、金ぐしに刺して売っている「叉焼」を食べて、納得。甘くて、あぶったあとの焼き目が香ばしくて、まわりが赤く染まっているのもそれらしく見えて、これが、正調「叉焼」なんだと思いました。漬け汁の砂糖の量に驚かれるかもしれませんが、わたしにとっては、これが「おいしい叉焼のための、その1」のように思えるのです。

Recipe

豚肩ロース肉（かたまり）400gのもの2本
漬け汁（砂糖120g、塩30g、溶き卵½個分、しょうゆ小さじ1、五香粉（ウーシャンフェン）小さじ½、
甜麺醤（ティエンメンジァン）または海鮮醤（ハイセンジァン）小さじ1、
食紅適量）

1 ボウルに漬け汁の材料を合わせる。食紅はいったん水で溶いてから加えるとよい。
2 豚肉は直径が大きければ半分に切って、1に入れ、一晩漬け込む。
3 天板にオーブンペーパーを広げて網をのせ、2の豚肉を並べて、200℃のオーブンで30分焼く。途中で一度上下を返すと、全体に焼き色がつく。少し焦げるくらい焼いたほうが、香ばしくておいしい。

漬け汁も、最初は砂糖が溶けずに、どろりとしていますが、一晩おくと、写真のように、透き通って、さらりとしてきます。

ふだんのごはんに、もっと
ナンプラーを使いましょう。

豚肉のナンプラー炒め

今まで、それなりにやってきていたキッチンに、新しい調味料が入り込み、それが定着するには、結構、強力な動機が必要だと思います。目新しさに飛びついても、結果的においしい料理がいろいろできなかったら、あわれ冷蔵庫のお荷物に。その点、ナンプラーは、日本のしょうゆに取って代われるくらい、チャーハン、炒め物、スープ、サラダのドレッシングと、何にでも使えます。最初はこんなふうに、火を通すメニューをおすすめします。魚醤の発酵した塩味が、独特の香ばしさに変わって、思わず白いごはんが欲しくなるから不思議。こういうところが、アジアの料理って、他人じゃないと思えるんですよね。

Recipe

豚薄切り肉(好みの部位)300g
玉ねぎ$\frac{1}{2}$個　赤ピーマン1個
万能ねぎ6本 にんにく、しょうが各1かけ
Ⓐ(ナンプラー大さじ1$\frac{1}{2}$、砂糖小さじ1)
みそ大さじ1　サラダ油大さじ2

1 玉ねぎは5mm幅の薄切り、赤ピーマンは細切りにし、万能ねぎは4cm長さに切る。にんにく、しょうがはみじん切りにする。
2 中華鍋にサラダ油大さじ$\frac{1}{2}$を熱し、玉ねぎをさっと炒めて取り出す。
3 続けてサラダ油大さじ1$\frac{1}{2}$を熱し、豚肉を入れて香ばしく炒めたら、鍋を手前に傾け、油のたまったところでにんにく、しょうがを炒める。香りが立ったら、みそを入れて全体にからめたあと、玉ねぎを戻して、Ⓐを回しかけ、赤ピーマン、万能ねぎを加えて手早く混ぜ合わせる。

アジアの料理を食べていると、
不思議と白いごはんが欲しくなります。

ビビンバ

韓国料理店で食べて、ビビンバに目覚めたという人は多いと思います。で、うちでも作りたいと思って、料理本を見たら、野菜の下味がそれぞれ違っていて、やたら複雑そうで、挫折したという経験はありませんか。実はわたしがそうでした。で、なんとか簡略化できないかと考えたのが、野菜の味つけパターンを共通にすること。こんなふうに、いちおうベースの味を決めておくと、あとは好みで、しょうゆや唐辛子を加えたりと、微調整で済むので気がラクなのです。今や余計なお世話という感じですが、ビビンバはよく混ぜて食べてください。

Recipe

牛ひき肉200g　Ⓐ（しょうゆ大さじ2、砂糖・ごま油各小さじ2、すりごま大さじ1、おろしにんにく1かけ分）　ほうれん草1わ　子大豆もやし1袋　にんじん1本
Ⓑ（ごま油・すりごま各大さじ1、塩小さじ1/3、おろしにんにく1かけ分）
韓国粉唐辛子小さじ1　卵黄4個分
ごはん適量

1 牛ひき肉にⒶを加えて混ぜ、熱したフライパンに入れて（油はひかなくてよい）、ほぐしながら、ぽろぽろになるまで炒める。

2 ほうれん草はゆでて5cm長さに切る。子大豆もやし、4cm長さの細切りのにんじんはさっとゆでる。それぞれⒷの調味料であえ、ほうれん草には韓国粉唐辛子を加える。

3 温かいごはんに1と2を盛り、卵黄をのせ、全体をよく混ぜて食べる。好みでコチュジャンを混ぜる。

わたしが勝手に決めた、全野菜に共通の下味パターン。あとは好みでしょうゆ、粉唐辛子を加えます。

タイ風ひき肉カレー

それまでは、鶏肉やなすなどを入れた、さらさらのタイカレーをよく作っていました。それが、あるときふと、タイにはドライカレーってないのかな、もし、あるとすれば、こんな感じかなと、作ってみたのが、これです。例によって、市販のカレーペーストにお世話になるお気楽版。だけど、作り方は、おなじみの『100文字レシピ』に紹介できるほど簡単だし、味のほうも、これは絶対タイにあるぞと思えるほど本格的で、宝くじに当たったように、うれしかったのでした。香菜(シャンツァイ)が好きな人は、茎ごと刻んで、どっさり入れてください。

Recipe

鶏ひき肉300g　ココナッツミルク1カップ
タイのグリーンカレーペースト½袋(25g)
ナンプラー大さじ1　砂糖大さじ½
香菜(刻んで)1カップ　ごはん適量

1 鍋にココナッツミルクを入れて火にかけ、煮立ったら、タイのグリーンカレーペーストを入れて溶かす。

2 1に鶏ひき肉を入れ、かたまりにならないよう木べらでほぐしながら、6分ほど煮、ナンプラー、砂糖を加えて調味する。

3 器にごはんを盛り、2のひき肉カレーをかけて、香菜をたっぷりのせる。

ココナッツミルクに、タイのカレーペーストを溶かし、ひき肉を入れて煮るだけ。包丁すら握ったことがない人でも、これは作れます。

豚肉の
コチュジャン炒め

2002年のワールドカップのおかげか、韓国料理イコール焼き肉の図式は、今や完全に払拭されたみたい。最近は、韓国のおそうざいを食べさせてくれる店もずいぶん増えて、それまで知らなかった韓国料理の素顔にふれる機会も多くなりました。そんな、向こうのおかあさんが作るふだんの料理を見るたびに、野菜の上手な使い方、キムチを生かす知恵、合わせみその豊富さに驚かされます。なかには、このコチュジャン炒めみたいに、簡単なものもあったりして、興味がつきません。

Recipe

豚こま切れ肉400g　万能ねぎ1束
Ⓐ（しょうゆ大さじ3、酒・コチュジャン各大さじ2、砂糖大さじ1、おろしにんにく1かけ分）　サラダ油大さじ2
ごま油小さじ2　塩、こしょう各適量

1 豚肉は軽く塩、こしょうをふる。万能ねぎは4cm長さに切る。

2 中華鍋にサラダ油を熱して豚肉を炒め、肉の色が変わったら、合わせたⒶを加えて炒め、肉全体にからんだら、万能ねぎの茎、葉の順に加えてさっと炒め合わせ、仕上げにごま油をふる。器に盛り、あれば、すりごまをふる。

いわしのキムチ煮

15年ほど前、「韓国でキムチを漬ける旅」に参加したことがありました。実際は、向こうのおかあさんが作ってくれたものを、せっせと自分の容器に詰めるだけだったけれど、アミの塩辛やなしなど、つぎつぎに登場する材料に驚きの連続でした。宝物のように抱えて帰ったキムチのおいしかったこと。あれがわたしの、キムチの原体験になっています。どの店に入ってもキムチが当たり前のように出てきて、キムチがしっかり食生活の一部になっているから、こんないわしとの煮物も、いつものことなんですよね。

Recipe

いわし4尾　白菜キムチ200g
煮汁(しょうゆ大さじ3、酒½カップ、砂糖小さじ1、水1カップ、おろしにんにく1かけ分)

1 いわしは頭を落とし、腹側を開いて内臓を取り除き、中までよく洗ったあと、水けをふく。

2 白菜キムチは一口大に切る。漬け汁は絞ったりしないこと。

3 鍋に煮汁の材料を入れて火にかけ、煮立ったら、2のキムチを広げ、その上に1のいわしを並べる。たえず煮汁をかけながら、弱火で15分ほど煮る。

タイ風いかサラダ

ナンプラーの塩味、レモンの酸味が主役のさっぱりしたドレッシング。とがった味にならないよう、砂糖が味の要（かなめ）です。

Recipe

いか2はい　もやし½袋　紫玉ねぎ½個
万能ねぎ6本　赤ピーマン1個　香菜（シャンツァイ）適量
ドレッシング（ナンプラー大さじ2〜3、
レモン汁大さじ2、砂糖大さじ1、
一味唐辛子小さじ1）
レモンの輪切り2枚　塩小さじ2

1 いかは足とともに内臓を抜く。胴は皮をむき、足は3〜4本に切り分ける。

2 鍋に湯5カップを沸かし、塩、レモンの輪切りを加えたら、1のいかを入れてさっとゆでる。冷めたら、胴は開いて、5cm長さの細切りにする。

3 もやしはさっとゆでる。紫玉ねぎは薄切り、万能ねぎは4cm長さに切る。赤ピーマンは細切り、香菜は茎ごとざく切りに。

4 ボウルにドレッシングの材料を合わせ、食べる直前にいかと3の野菜をあえる。

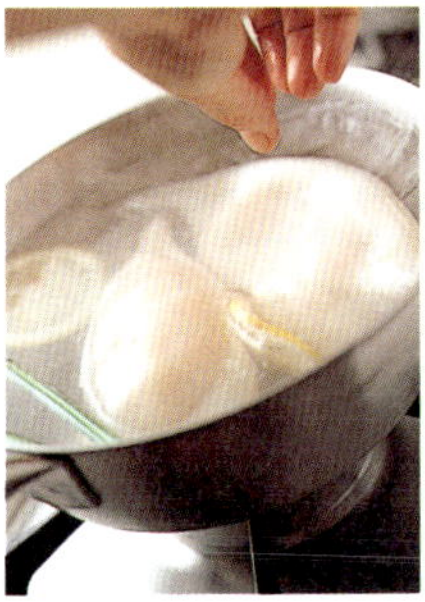

いかは、ちゃんと下味をつけてゆでましょう。

えびだんご入りスープ

ぷりっと歯ごたえのいいえびだんごにしたいから、小麦粉などつなぎは入れていません。心配かもしれませんが、塩を加え､粘りが出るまでよく練れば、大丈夫。予算が許せば、ふくろたけを入れると、タイ風スープの雰囲気が出ます。

Recipe

むきえび300g　Ⓐ(塩小さじ⅓、こしょう・サラダ油各少々)　春雨40g　もやし1袋　生しいたけ100g　ゆでたけのこ50g　香菜(シャンツァイ)　適量　鶏ガラスープの素大さじ1　Ⓑ(ナンプラー大さじ3、レモン汁大さじ2)　にんにく1かけ　塩、サラダ油各適量

1. えびは塩をまぶしてよく洗い、背わたを取ってたたく。Ⓐの塩をふってよく練り、そのほかの材料を混ぜる。
2. 春雨は熱湯につけてもどし、もやしはさっとゆでる。しいたけは軸を切って、4つに切る。ゆでたけのこは薄切りにする。
3. にんにくは5mm四方の薄切りにし、多めの油で香ばしく揚げ、油をきる。
4. 鍋に水6カップと鶏ガラスープの素を入れて煮立て、しいたけとたけのこを入れたら、えびを丸めながら加える。Ⓑで調味し、もやし、春雨を入れてさっと煮、刻んだ香菜と揚げたにんにくを散らす。

ブームの忘れ物

From the Deli.Kitchen

最近、つくづく思うこと。それは、料理に古いとか、新しいということはないんだなあということです。

もう16、17年前になるけれど、家庭向けの中国料理の本を編集していたときのことです。表紙の料理の写真をどうするかということになり、みんなで会議をするなか、編集長が、「酢豚でいきたい」と言うのを、若い編集部員全員で、「えーっ、いまどきぃ、古い」と、思いっきり反対したことがありました。当然わたしも「若い」ほうに与（くみ）していて、「もっと新しい料理のほうがおしゃれだと思います」とかなんとか、言ったような記憶があります。

なのに、今回、自分が出した本には、しっかり酢豚をのせている。当時の編集長が見たら、なんだあと言われそうだけど、はい、わたしも少しは修行を積んで、いい料理は、いつの時代も、いい料理だということに気がついたのです。

マスコミで仕事をしていると、前にやったことは、古いと考えがち。少しでも時代に遅れていると、なんだか、かっこ悪いことのように思えて、どうしても、もっと新しいもの、もっと未知のものへと、突き進んでいきがちです。だけどこれは、料理の善し悪しとはまったく別のことで、いい料理をきちんと残していこうとすることは、時代遅れでもなんでもないんですよね。

一方で、世の中には、デパートの地下食料品売り場や、コンビニがあって、こちらはつぎつぎと新製品を発明しては、市場に送り込み、売り上げ増を狙う時代。ブームと言われる、「突然超人気状態」の食品も、この中から生まれるわけで、「新しさが命」の度合いは、こちらが数倍強いわけです。

たとえば、パンナコッタがいい例で、なんの前ぶれもなくイタリアから上陸したかと思ったら、数カ月後にはもう次の商品に取って代わられていた。

わたしとしては、パンナコッタは生クリームに砂糖とバニラビーンズを加えて煮立て、それをゼラチンで固めるだけの、ほんとうに簡単でいいデザートだと歓迎していたので、家庭のおやつとして、よさがしっかり理解されないまま、消えてしまったのが、すごく無念なのです。

世の中の動きに疎いのは困るけれど、先を急ぐあまり、いい料理をどんどん切り捨てるようなことにならないよう、気をつけよう。「ただいま大流行」というときに、その手にはのらないぞと、少しくらいへそ曲がりなほうが、ちょうどいいと思うのです。

家計応援団

Deli 9

ここまで、わたしなりに、安い材料でおいしい料理を
紹介したつもりですが、まだまだあるなあ、紹介したりない、
というわけで、最後は、家計応援団。
豆腐、油揚げ、さば、いかなど、財布の負担の少ない材料別に、
うちで毎日のごはんに活躍している料理を集めました。

きゅうりとしいたけの ごま白酢あえ

つくづく、日本のごはんは、芸が細かいと思う。ごまあえ、白あえだけでなく、酢が入ったごま酢あえがあるかと思うと、そこに豆腐も加えたごま白酢あえなるものもあります。これをちゃんと覚えたら、小料理屋が開けるかも、なんて錯覚するくらい、どれも気のきいたおかずなんですよね。きゅうりの塩もみはいろんなところに顔を出す基本ですが、わたしは、きゅうり2本に対して、塩小さじ½をまぶし、しんなりしたら、さっと塩を洗ってから、ふきんに包んで絞ってます。

Recipe

きゅうり2本　生しいたけ1袋(100g)
油揚げ1枚　ごま白酢(木綿豆腐½丁、練りごま大さじ2、砂糖・酢各大さじ1、みりん・しょうゆ各小さじ1、塩小さじ¼)　塩適量

1 きゅうりは薄い輪切りにし、塩小さじ½をふってもむ。しいたけは軸を切り、塩少々をふって網で焼き、油揚げも網で香ばしく焼いて、どちらも細切りにする。

2 ごま白酢の豆腐をざっとくずし、二重にしたペーパータオルにのせて電子レンジに2分かける。冷めたらつぶし、そのほかの材料と混ぜ、1を加えてあえる。

ゴーヤーチャンプルー

沖縄出身の知人からもらった本場のゴーヤーでゴーヤー開眼。「薄切りにして、塩もみして、おかかかけて食べるといいよ」と言われ、その通りに作ったらおいしかった。チャンプルーもおすすめです。

Recipe

ゴーヤー1本（300g）　木綿豆腐1丁
卵2個　削り節5g　サラダ油または
ラード大さじ2　塩、しょうゆ各適量

1 豆腐は二重にしたペーパータオルにのせ、電子レンジに約3分かけて水けをきる。
2 ゴーヤーは縦半分に切り、スプーンで中のわたをすくい出したら、薄い半月切りにし、塩少々をふってもむ。
3 中華鍋にサラダ油大さじ1を熱し、1の豆腐を大きくちぎって入れ、塩少々をふりながら、香ばしく炒めて取り出す。
4 続けて残りのサラダ油を熱して、ゴーヤーを炒め、豆腐を戻し、塩小さじ1、しょうゆ大さじ1で調味したら、削り節を混ぜ、仕上げに溶き卵を回し入れる。

ゴーヤーの中のわたは、スプーンで簡単に取れます。

焼き油揚げの和風サラダ

仕事上、うちの冷蔵庫には、いつもこまごまと物が入っているので、がらんとした冷蔵庫に憧れています。だから、買いものに行くときは、余計な物は買うまいぞと、心に決めているのですが、油揚げ、厚揚げなどのコーナーになると、さしあたって料理の予定がなくても、いそいそと買いものかごに入れてしまいます。で、適当な煮物の相手が見つからないときや、今日のおかずの顔ぶれを見て、煮物が多いときは、網でパリッと焼いて、こんな和風のサラダにします。

Recipe

油揚げ2枚　みょうが3個　三つ葉1袋
ドレッシング(酢・しょうゆ・レモン汁・だし汁各大さじ2、みりん・サラダ油各大さじ1、塩・こしょう各適量)

1. 油揚げは網の上で香ばしく焼き、1cm幅に切る。油をひかずに、フライパンで両面をパリッと焼いてもよい。
2. みょうがは細切り、三つ葉は4cm長さのざく切りにする。
3. ボウルにドレッシングの材料を混ぜ合わせる。
4. 1と2を混ぜ合わせ、3のドレッシングをかける。

ねぎ納豆の袋焼き

わたしは、料理でもなんでも、可愛らしく作るというのが、どうも好きではありません。子どものおべんとうでさえ、細工物はしたことがなく、ときどき雑誌で、ウインナーで作ったたこを見ると、すごいなあと尊敬しつつも、人は人、と思っていました。だから、こういう油揚げを袋状にした料理も得意ではなかったのですが、気まぐれに納豆を詰めて焼いたら、子どもに大ウケ。おいしければよしと思っていたけれど、形の面白さとか、見た目も、特に子どもには大事なんだなと実感しました。

Recipe

油揚げ4枚　納豆160g　ねぎ2本
練りがらし、しょうゆ各適量

1 油揚げは、開きやすいよう、箸を上から押すように転がしてから、半分に切り、袋状に開く(40ページ参照)。

2 ねぎは小口切りにする。好みで万能ねぎをざく切りにしてもよい。

3 1の油揚げに2のねぎと納豆を少しずつ入れ、口を楊枝で留める。

4 熱したフライパンに(油はひかなくてもよい)、3を入れ、両面をじっくりと香ばしく焼く。熱いうちに、からしじょうゆをつけて食べる。

厚揚げとかぶの煮物

油揚げ、ひき肉など、かぶの煮物の相棒はいろいろですが、今回は厚揚げで作りました。いつもは、煮上がったら、どさどさと大鉢に移しておしまい、なのですが、ときどき、こんなふうに、ここはかぶ、ここは厚揚げと盛り分けると、なんだかちょっと上等に見えませんか。

Recipe

厚揚げ2枚　葉つきかぶ5本
煮汁(だし汁2カップ、酒・みりん各大さじ2、しょうゆ大さじ2〜2½、砂糖小さじ1、塩小さじ½)

1 厚揚げは4〜6つに切る。かぶは茎を落として皮をむき、縦4つに切る。葉は4cm長さに切る。

2 鍋に煮汁の材料を煮立て、厚揚げを入れて2〜3分煮たら、厚揚げを寄せてかぶを入れ、オーブンペーパーなどで落としぶたをして、柔らかくなるまで約10分煮る。

3 仕上げに、さっとゆでたかぶの葉を入れ、ひと煮する。

かぶの皮は、茎のほうから縦にむくようにするとラク。

がんものピリ辛煮

中国料理には、揚げた豆腐を使った料理があるのだから、親戚のがんもどきも、似たように使えるだろうと、かなり乱暴な推測のもと、豆板醤（トウバンジャン）風味の煮物を作ったら、むしろ中まで味がしみて、ごはんのおかずにぴったりのものができました。京がんもというのは、直径4cmほどの小さながんもどきのことです。近くのスーパーで売っているのですが、味がよくしみるし食べやすいので、愛用しています。大きいものしかないときは、全部で240gという重さを目安にして、煮汁の量を加減してください。

Recipe

京がんも16個（240g）　にんにく、しょうが各1かけ　豆板醤小さじ1〜2
煮汁（水$1\frac{1}{2}$カップ、顆粒鶏ガラスープの素・砂糖各小さじ1、酒大さじ2、しょうゆ大さじ$1\frac{1}{2}$）　片栗粉、ごま油各小さじ1　サラダ油大さじ2

1 中華鍋にサラダ油を熱し、みじん切りにしたにんにく、しょうがを炒め、香りが立ったら、豆板醤を加えて炒め、煮汁の材料を加える。

2 煮立ったら、がんもを入れ、落としぶたをして10分ほど煮、倍量の水で溶いた片栗粉でとろみをつけ、ごま油をふる。

レバにら炒め

レバにら炒めは好きですか。わたしは、家族で中華料理屋さんに入ることがあると、すかさずレバにら炒めを注文します。ちゃんと、レバーをから揚げにしてから作ってくれるお店だと、「大当たり！」。このひと手間が違うんですよねと、思わずオジサンにひと声かけたくなります。

Recipe

豚レバー200g　下味（酒小さじ1、ごま油・しょうゆ・塩・こしょう各少々）もやし½袋　にら1束　にんにく、しょうが各1かけ　Ⓐ（酒大さじ1、しょうゆ大さじ2、砂糖小さじ1、塩小さじ½）　片栗粉、サラダ油各大さじ2　揚げ油、ごま油各適量

1 にらは5cm長さに切る。にんにく、しょうがはみじん切りにする。

2 豚レバーは薄切りにし、水に15分ほどつけて血抜きをしたあと、水けをふいて、下味の材料をからめ、片栗粉をまぶして、170°Cの油でさっと揚げる。

3 中華鍋にサラダ油を熱して、にんにくとしょうがを炒め、香りが立ったら、もやし、にらの順にさっと炒め合わせ、Ⓐで調味したあと、2のレバーを加えて混ぜ、仕上げにごま油小さじ1をふる。

レバーペースト

アンチョビやケッパーが入った、イタリア風のレバーペースト。レバー特有のくせがなくて食べやすいと好評です。

Recipe

鶏レバー300g　玉ねぎ½個(100g)
にんにく1かけ　アンチョビ1切れ
ケッパー大さじ1　白ワイン½カップ
オリーブ油大さじ2　バター20g
塩、こしょう各適量

1 レバーは水または牛乳に15分ほどさらし、水けをふいて塩、こしょうをふる。玉ねぎ、にんにくはみじん切りにする。

2 鍋にオリーブ油を熱してにんにくを炒め、玉ねぎも加えて炒めたら、レバーを入れて焼きつける。アンチョビ、ケッパーを入れて強火で炒め、白ワインを注いで、汁けがなくなるまで煮詰める。

3 2の粗熱が取れたら、フードプロセッサーにかけてなめらかにし、熱いうちにバターを混ぜる。塩、こしょう、あればEXオリーブ油少々で調味する。

アンチョビのおかげで、レバーのくせがやわらぎます。

豚にら鍋

九州の実家に帰ったとき、弟が連れて行ってくれたもつ鍋屋さんが、最高でした。みそ味の豚骨スープの煮汁に、もつ、ごぼう、キャベツ、にらなどを入れて煮るもので、もつもさることながら、なんといっても、にんにく風味の豚骨スープでさっと煮た野菜が絶品で、何度もおかわりしてしまいました。このスープだけは真似できないなと思うものの、なんとか同じような鍋物が作れないかなと考えてみました。最終的には、煮汁は、昆布だしを使ったおだやかなものになったけれど、その分、たれを、ごまや削り節やねぎを入れた酢じょうゆにして、きっちりこくを出すようにしました。

Recipe

豚バラ薄切り肉400g　豆腐1丁
にら2束　ごぼう1本　キャベツ½個
煮汁（水6カップ、昆布10g、酒½カップ、
塩小さじ1、しょうゆ少々、
おろしにんにく2かけ分）
たれ（酢¼カップ、しょうゆ½カップ、
ごま油小さじ1、すりごま・みりん各
大さじ2、削り節3g、七味唐辛子、
ねぎのみじん切り½本分）

1 豚肉は一口大に切る。豆腐は8つに切り、にらは5cm長さに切る。ごぼうは縦半分に切り、斜め薄切りにして水にさらす。キャベツは3cm四方に切る。

2 鍋に煮汁の水と昆布を入れて火にかけ、煮立ったら、昆布を取り出し、煮汁のほかの材料を加えて調味し、1を入れて煮る。

3 器にスープごと取り分け、合わせたたれを適当にかけて食べる。

キャベツと油揚げの炒め煮

うちで、三日にあげず登場する副菜が、小松菜と油揚げの炒め煮です。青菜、小魚、油揚げという組み合わせがいいのと、10分もあればできてしまうので、自分でもよく飽きないなあというくらい作ります。だけどさすがに、春を過ぎ、夏に出回る小松菜は、冬のものに比べて独特の甘みがなく、作っていても、旬を過ぎていることを思い知らされます。で、味つけも作り方もそっくりそのまま、ただ小松菜をキャベツにかえて作ってみました。和風に煮たキャベツもなかなかです。

Recipe

キャベツ300g　油揚げ1枚
ちりめんじゃこ20g　煮汁（だし汁½カップ、酒大さじ1、みりん・しょうゆ各大さじ1½）　サラダ油大さじ1

1 キャベツは芯を取って、4cm四方に切る。油揚げは横半分に切って、1cm幅の短冊切りにする。

2 鍋にサラダ油を熱してキャベツを炒め、しんなりし始めたら、油揚げ、ちりめんじゃこを加えて混ぜ、煮汁の材料を注いで、混ぜながら3分ほど煮る。

白菜と干しえびの炒め漬け

料理編集の仕事を始めたばかりのころ、和風のおそうざいで定評のある料理の先生のところに取材に行って、即席漬けには、野菜を塩もみする方法だけでなく、さっと炒める方法もあると教わりました。聞いたときは、でも結局は野菜炒めのようになるんじゃないか、と思ったけれど、言われた通りに作ったら、ちゃちゃっとできて、次の日までしゃきしゃきしたおいしい漬け物ができました。以来、炒めて漬ける即席漬けに目覚めて、少しずつレパートリーを増やしています。

Recipe

白菜300g　干しえび10g　赤唐辛子1本
漬け汁（だし汁½カップ、酢大さじ2、しょうゆ小さじ1、塩小さじ½強、砂糖大さじ1、ごま油小さじ1）
サラダ油大さじ1

1 白菜は芯と葉に分け、芯は一口大のそぎ切り、葉はざく切りにする。干しえびは、水大さじ2につける。

2 中華鍋にサラダ油を熱し、干しえび、種を取った赤唐辛子を炒めたら、白菜の芯、葉と順に加えてさっと炒め合わせ、手早く漬け汁に漬け、そのままおいて味を含ませる。

大根のだし煮

こういうシンプルな煮物は、だしの味が直接仕上がりの味にひびくので、即席のだしに甘んじていたころは(今でもお世話になってはいますが)、聖域のような気がしていました。それが、簡略版でもだしをとるようになって、作ってみると、自然の甘みや、かすかに感じる辛みなど、大根の風味がしみじみと伝わる煮物ができました。見るからに地味ではあるけれど、ほんとうに料理が好きな人に出したら、かかった手間や時間などを思って、大事に食べてくれると思います。あれば、ゆずの皮を散らしてみましょう。

Recipe

大根700g　昆布5g　煮汁(だし汁$2\frac{1}{2}$〜3カップ、塩小さじ$\frac{2}{3}$、しょうゆ小さじ1、酒大さじ1、砂糖大さじ$\frac{1}{3}$)　米のとぎ汁適量

1 大根は6cm厚さの輪切りにして皮をむき、味がしみ込みやすいよう、裏側に十文字の切り込みを入れる。これを米のとぎ汁に入れ、竹ぐしがスッと通るくらいまで20分ほどゆでる。粗熱が取れたら、さっと洗う。

2 別鍋に昆布を敷いて、1の大根を並べ、煮汁の材料を加えて火にかけ、落としぶたをして、弱火で30〜40分煮る。

もやしと卵の炒めもの

いつだったか、テレビで、お金に困った若者が、もやしの素炒めを作って食べるのを、見たことがありました。うーん、1袋40円だものね、と同情はしたものの、一方で、ちゃんとしたもやし料理もあるのに、もやしをバカにしてるなあ、と思ったのでした。安い素材こそ、安っぽくならない工夫が必要なんですよね。

Recipe

豚バラ薄切り肉150g　下味（酒・しょうゆ各小さじ1、こしょう少々）
卵4個　もやし1袋　しょうが1かけ
Ⓐ（砂糖・塩各小さじ½、しょうゆ・酒各大さじ½）　サラダ油大さじ4
塩、こしょう各適量

1 豚肉は一口大に切り、下味の調味料をまぶす。卵は溶き、塩少々で調味する。

2 中華鍋にサラダ油大さじ2を入れ、強火で薄煙が立つくらいまで熱したら、卵を一気に入れて大きく混ぜ、半熟状になったら取り出す。

3 続けてサラダ油大さじ2を熱し、豚肉を入れて香ばしく炒め、しょうがのせん切り、もやしを加えてさっと炒め合わせたら、Ⓐで調味し、卵を戻して手早く混ぜ合わせる。

マーミナウサチ

マーミナはもやし、ウサチはあえ物という意味の沖縄料理です。それまでも、もやしのあえ物はよく作っていたのですが、マーミナウサチを知ってから、これ一辺倒になりました。暑いところの料理らしく、甘みも酸味もきっちりきかせ、香ばしいごまをたっぷり入れる味つけが、明快で、体が元気になりそうな気がします。沖縄の人には笑われるかもしれませんが、マーミナウサチという名前の響きもなんとなく愛嬌があって、うちの子どもは、いっぺんで覚えて、ファンになりました。

Recipe

もやし1袋　油揚げ1枚　きゅうり1本
ごま酢(すりごま大さじ5、砂糖大さじ2、塩小さじ$\frac{1}{2}$、しょうゆ小さじ1、酢大さじ3)　酢大さじ1

1. もやしは熱湯でさっとゆで、熱いうちに酢をからめて冷ます。
2. 油揚げは横半分に切って細切りにする。油が気になるようなら、さっと湯通しするとよい。きゅうりは斜め薄切りにしたあと、重ねて、細切りにする。
3. ボウルにごま酢の材料を合わせ、汁けをきった1のもやしと2のきゅうり、油揚げを加えてあえる。

いかじゃが

いかと里芋の煮物は、これぞ、日本のおかずという感じですが、里芋の、ぬるぬるして皮がむきづらかったりする下ごしらえを考えると、なかなか手が出ないという若いおかあさんも多いと思います。自分もそうだったので、ここはとりあえず、扱い慣れたじゃが芋で作るレシピを紹介します。たとえ少々じゃが芋が煮くずれても、そのくずれたところにとろりと煮汁がからむのがおいしいので、気にしない。ただ、どうしても濃い茶色に仕上がるので、心配なら、薄口しょうゆを使ってください。

Recipe

するめいか1ぱい　じゃが芋4個(600g)
Ⓐ(酒・しょうゆ各大さじ3、みりん・砂糖各大さじ1)

1 いかは足とともに内臓を引き抜き、胴は1cm厚さの輪切り、足は小分けする。

2 じゃが芋は皮をむいて4つに切り、水1¼カップを加え、落としぶたをして火にかける。

3 別鍋にⒶを煮立て、いかを入れて1〜2分煮たら取り出す。

4 じゃが芋が半分ほど煮えたら、3のいかの煮汁を加えてじゃが芋が柔らかくなるまで煮、いかを戻してひと煮する。

マッシュポテト

たとえば、ポークソテーを作ったとき、マッシュポテトを添えると、焼き汁がクリーミーなじゃが芋ともよく合って、2倍おいしい。丸ごとゆでたり、裏ごししたり、ちょっと手間はかかるけれど、マッシュポテトは、つけ合わせの傑作だと思う。作りたくなったときのために、わたしがこだわっている作り方を紹介します。

Recipe

じゃが芋300g　生クリーム$\frac{1}{4}$カップ
バター30g　牛乳$\frac{1}{2}$カップ
ナツメッグ少々　塩適量

1 じゃが芋はできれば皮つきのまま丸ごとゆでで、竹ぐしがスッと通るくらい柔らかくなったら、熱いうちにふきんに包みながら皮をむく。適当な大きさに切り、裏ごしする。

2 鍋に生クリームとバターを入れて火にかけ、沸騰したら、1のじゃが芋を入れて手早く混ぜ、牛乳を加えて好みの固さにし、塩、ナツメッグで調味する。

皮は、じゃが芋が熱いうちにむきましょう。

じゃこねぎ焼き

大阪のねぎ焼きは、刻んだねぎが思いっきり入っていておいしそう。だけど、これぞ本場のねぎ焼きというのを食べたことがないので、ねぎいっぱいのところだけ真似をして、思いつくまま、生地を作って焼いたら、この、お好み焼きのような、和風クレープのような、じゃこねぎ焼きができました。ねぎを刻んでいると、ちょっと多いかなと思うけれど、焼いてみると、そのねぎが焦げて、じゃこといっしょに、なんとも香ばしい風味をかもし出します。凝った材料が全くないので、「しまった、お昼ごはんの用意がない」というときも、冷蔵庫を見渡せば、じゃこねぎ焼きだけはなんとかなることがよくあります。

Recipe

ちりめんじゃこ40g　万能ねぎ1束　生地（小麦粉1カップ、卵2個、だし汁1カップ、塩小さじ1/4）　削り節、豚かつソース、マヨネーズ、青のり粉各適量
サラダ油適量

1 生地を作る。ボウルに卵をほぐし、だし汁、塩を加えたら、小麦粉を入れて、泡立て器などでよく混ぜる。
2 万能ねぎは小口切りにし、ちりめんじゃことともに1の生地に加えて混ぜる。
3 フライパンにサラダ油少々を熱し、2のたねを1/4量ずつ丸く落とし、弱めの中火で両面を焼く。
4 器に盛り、削り節、豚かつソース、マヨネーズ、青のり粉を好みに合わせてかける。

じゃこ散らし

散らしずしの「豪華さ」はなく、つつましいものですが、いり卵が甘くておいしかったり、赤い梅肉が可愛いかったりするので、作り手としては、大満足。

Recipe

米3合　合わせ酢(酢大さじ6、砂糖大さじ2、塩小さじ1½)　卵6個
ちりめんじゃこ50g　梅干し2個
絹さや30g　いりごま大さじ3
Ⓐ(砂糖大さじ4、塩小さじ1、
だし汁½カップ強、
しょうゆ・みりん各小さじ½)

1 米は堅めに炊き、熱いうちに合わせ酢を混ぜ、うちわなどであおぎながら冷ます。

2 卵は溶き、Ⓐを合わせて加えたら、フッ素樹脂加工のフライパンに流し、弱めの中火でぽろぽろにいりつける。

3 1のすしめしが人肌程度になったら、ちりめんじゃこ、ごまを混ぜ合わせ、上に、2のいり卵とちぎった梅肉、さっとゆでてせん切りにした絹さやを散らす。

卵が固まってきたら、箸で手早く混ぜていきます。

フィッシュ＆チップス

2年前、イギリスの国民食のような「フィッシュ＆チップス」を初体験。調理法としては特別なことはないのですが、魚を取り巻くカリッとした衣が秀逸。これに酸味のきついモルトビネガー（醸造酢）をジャバジャバかけると、揚げ油の風味が軽くなって、もうやめようと思いながらも、するするとおなかに収まるのでした。

Recipe

白身魚（たら、ひらめ、おひょうなど）4切れ（400g）　衣（小麦粉80g、卵黄1個分、ベーキングパウダー小さじ$\frac{1}{2}$、塩小さじ$\frac{1}{2}$、砂糖・サラダ油各大さじ1、牛乳$\frac{1}{2}$カップ）　塩、こしょう、冷凍フライドポテト、揚げ油、酢各適量

1 ボウルに衣の材料を入れ、泡立て器でだまのないようによく混ぜ合わせる。

2 白身魚は半分に切り、塩、こしょうをふる。1に入れて衣をからめたら、170℃の油でカリッと揚げる。

3 冷凍フライドポテトも揚げ、塩少々をふって2に添える。酢をかけて食べる。

ソーミンチャンプルー

沖縄料理は、強火でささっと炒めるチャンプルーの宝庫です。ソーミン（そうめん）も、こんなふうにチャンプルーで登場します。鉄の中華鍋で作っていたころは、鍋にそうめんがくっついて閉口したけれど、フッ素樹脂加工の鍋を使ったり、堅めにゆでたそうめんに油をからめるなどの技を覚えてからは、上手にできるようになりました。

Recipe

そうめん200g ツナ缶詰1缶（固形量140g）
生しいたけ4枚　にんじん50g
にら½束　もやし200g　しょうゆ、
こしょう各少々　塩、サラダ油各適量

1 しいたけは軸を切って薄切り、にんじんは4cm長さのせん切りにする。にらも同じ長さに切る。
2 そうめんは堅めにゆで、水で洗って水けをきったら、サラダ油少々をまぶす。
3 中華鍋にサラダ油大さじ2を熱し、にんじん、しいたけ、もやし、ほぐしたツナを順に加えて炒め合わせ、そうめんを加えたら、箸でほぐしながら炒める。
4 3ににらも加えて炒め、塩適量、こしょうで調味したあと、仕上げに鍋肌から、しょうゆを回しかける。

さばの昆布煮

煮魚というと、しょうゆに砂糖が入る甘辛味が一般的ですが、これは、砂糖を使わず、昆布と酒のうまみを借りて、煮たものです。どうしてそんなことを思いついたのか、忘れてしまったけれど、初めて作ったときは、そのきりりと上品な味わいに、砂糖抜きでも煮魚は成立するのだと、新しい味を発見したかのようにうれしくなりました。ただし、結び昆布から出る塩味が難敵で、砂糖が入らないだけに、へたをすると塩味が飛び出してしまいます。味をみて、昆布の量を加減してください。

Recipe

さば（三枚おろし）1尾　結び昆布10g
しょうが1かけ　煮汁（水$1\frac{1}{2}$カップ、酒$\frac{1}{2}$カップ、しょうゆ大さじ2）

1 結び昆布はさっと洗ってから、煮汁の水につけて15分おく。

2 さばは4cm幅に切る。しょうがは、皮がきれいなようなら、そのまません切りにする。

3 鍋に1の水と昆布、酒、しょうゆを入れて火にかけ、煮立ったら、さばを重ならないように並べ入れ、しょうがを散らす。煮汁をかけ、さばの表面に火が通ったら、落としぶたをして、15分ほど煮る。

さけのおろし煮

揚げたての魚を、大根おろし入りの温かいつゆでいただく料理。作るたびに、和風料理には、きちんと味のしくみがあって、先人の知恵が生かされているのだと納得します。だけど、以前は、揚げる、さらに煮る、大根をおろすという３つの作業が、重くのしかかって、おいそれとは作れませんでした。そんなわたしを苦境から救ってくれたのが、フードプロセッサーについている大根おろしの機能。厳密には、手でおろした大根の味にはかないませんが、おろし煮が食べられる幸せを思えば、なんてことありません。

Recipe

生さけ4切れ　大根おろし(軽く汁けを絞ったもの)1½カップ　三つ葉少々
煮汁(だし汁2カップ、みりん⅓カップ、しょうゆ大さじ2、塩小さじ½、赤唐辛子の輪切り1本分)
片栗粉、揚げ油各適量

1 さけは1切れを3つのそぎ切りにし、薄く片栗粉をまぶして、170℃の油でからりと揚げる。

2 鍋に煮汁の材料を煮立て、1のさけを入れてさっと煮たら、大根おろしを加えて火を止め、3cm長さに切った三つ葉を散らす。

いかのにんにくバター炒め

いかは、ただでさえ、下ごしらえが面倒なのだから、料理まで手が込んでいるのは、ちょっとご遠慮したいと思っています。その点、これは、内臓を抜くという最初の下処理さえクリアすれば、あとは、皮もむかず、ぶつぶつと輪切りにしたものを炒めるだけ。ただ、そのままでは、何が言いたいんだという味になるので、にんにくバターで炒めて、しっかり香ばしさを出しました。ごはんのおかずにしたい人は、最後にしょうゆをジャッとかけるのも手です。

Recipe

するめいか2はい　にんにく2かけ
バター大さじ3　白ワイン大さじ1
塩、こしょう各適量

1 いかは足とともに内臓を引き抜き、胴は1cm厚さの輪切り、足は3～4本ずつに分ける。皮はむかなくてよい。

2 フライパンにバターと薄切りにしたにんにくを入れて熱し、にんにくが薄く色づき始めたら、1のいかを入れ、強火でさっと炒め、白ワインをふったあと、塩、こしょうで調味する。いかは炒めすぎると、どんどん堅くなるので気をつける。

おから

「買ってきたおからは、くせを取るため、水の中でもみ洗いする」と教わったので、即使える真空パックの「うの花」をスーパーで発見したときは、企業努力に素直に感謝しました。おからの未来は明るいぞ。

Recipe

おから250g　油揚げ1枚　ちくわ100g
干ししいたけ2枚　にんじん70g
万能ねぎ$\frac{1}{3}$束　煮汁（だし汁2カップ、砂糖大さじ2、しょうゆ大さじ$2\frac{1}{2}$、みりん・酒各大さじ1、塩小さじ$\frac{1}{2}$）
サラダ油大さじ2

1 油揚げは横半分に切って細切り、ちくわは縦4つに割って薄切りにする。干ししいたけはもどして薄切りにし、にんじんは2cm長さのせん切りにする。以上を煮汁に加え、混ぜながら7分ほど煮る。

2 中華鍋にサラダ油を熱しておからをぱらぱらに炒め、1の具だけを加えて混ぜたら、様子を見ながら、煮汁を加えて混ぜ、万能ねぎの小口切りを混ぜる。

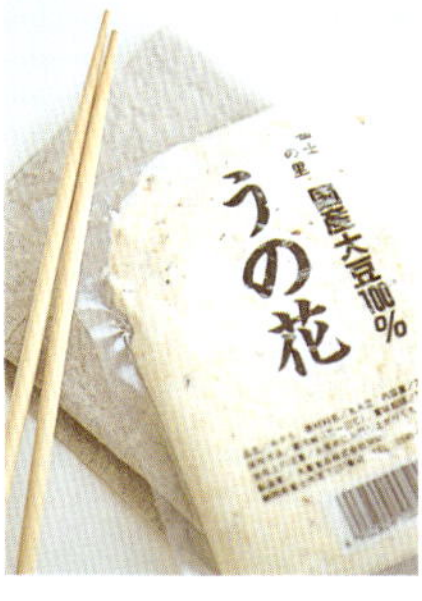

この商品のおかげで、おからが常連になる日もすぐ。

■料理さくいん（50音順）

ア行

カ行

サ行

タ行

ナ行

ハ行

マ行

ヤ行

ラ・ワ行

がんばれ、ごはん

ビンボー Deli.

2001年11月20日　第1刷発行

著者　川津幸子
発行者　小倉厚子
発行所　株式会社オレンジページ
〒104-8008
東京都中央区銀座6-2-1
電話　ご意見ダイヤル　03-3573-5790
販売部　03-3573-5829
印刷所　株式会社東京印書館

制作スタッフ
企画・構成・編集●川津幸子
アートディレクション●成瀬始子　川津幸子
デザイン●成瀬始子
撮影●川浦堅至
スタイリスト●綾部恵美子